Ferdinand **BRUNETIÈRE**

DE L'ACADÉMIE FRANÇAISE

La Science et la Religion

« Réponse à quelques objections »

QUATORZIÈME MILLE

PARIS

LIBRAIRIE DE FIRMIN-DIDOT ET Cᴵᴱ

IMPRIMEURS DE L'INSTITUT, RUE JACOB, 56

1895

AVANT-PROPOS

Lorsqu'au mois de janvier dernier j'ai publié l'article que je réimprime aujourd'hui en brochure, j'espérais bien qu'on le lirait, mais, — la modestie m'oblige de le dire, — je ne m'attendais guère qu'il dût provoquer tant de bruit.

A la vérité, il y était question, sinon de la « banqueroute », en tout cas des « faillites » que la Science a faites à quelques-unes au moins de ses promesses; mais je n'étais pas le premier qui se servît du mot, et dix autres avant moi l'avaient publiquement

1.

prononcé. J'y louais, comme je pouvais, la
généreuse initiative ou l'audace apostolique
du pape Léon XIII; mais bien loin d'être
l'un des premiers, j'étais au contraire l'un
des derniers à le faire, et, à cet égard, je
n'ai qu'un regret, — qui est d'avoir trop attendu. Enfin, très sommairement et très dis-
crètement, j'insinuais que le christianisme,
en dépit de nos savants ou de nos exégètes,
est encore, est toujours une force avec laquelle on doit compter; et il me semblait ne
faire là que constater ce que l'on appelle
une vérité d'évidence. Rien de tout cela n'é-
tait bien neuf ni bien extraordinaire.

Mais puisque l'article a excité tant de tu-
multe et que, depuis trois mois passés, ni la
trêve du premier jour de l'an, ni la chute
du ministère, ni la démission d'un président
de la République, ni l'élection de M. Brisson,
ni le Carnaval, ni la Mi-Carême, ni le procès

de M. Coquelin et de la Comédie française n'en ont détourné l'attention des journalistes, j'ai fini par me persuader que j'y avais dit des choses bien plus intéressantes que je ne croyais moi-même; — et c'est pourquoi je le réimprime.

Au reste, je n'y ai point fait de corrections, même de style; et je me suis contenté d'y ajouter de nombreuses notes qui en doublent à peu près l'étendue. Puissent-elles également en doubler la portée!

4 avril 1895.

LA SCIENCE

ET

LA RELIGION

Le **27** novembre de l'année qui vient de finir, j'ai eu l'honneur d'être reçu par Sa Sainteté le Pape Léon XIII, en audience particulière. Ce qu'il a bien voulu me dire, on ne s'attend sans doute pas que je commette ici, ni nulle part, l'indiscrétion ou l'inconvenance de le publier (1). Mais, si cette vi-

(1) Cette déclaration, que je croyais assez catégorique, n'a pourtant pas été prise pour telle ; et, justement, de ce que je repoussais d'abord toute accusation de *reportage*, on en a, sans hésiter, conclu que je la méritais. C'est ainsi qu'on raisonne aujourd'hui ! Un depute français, M. Vigne d'Octon,

site m'a naturellement suggéré quelques ré-
flexions, j'ai pensé qu'il pouvait être oppor-
tun, — ou *actuel*, comme l'on dit, — de les
mettre par écrit. On ne trouvera pas, et j'es-
père que le lecteur ne cherchera pas autre
chose dans les pages qui suivent.

I

Le temps n'est pas très éloigné de nous où
l'incrédulité savante passait communément
pour marque ou pour preuve de supériorité
d'intelligence et de force d'esprit. On ne mé-

qui voyageait alors en Italie, s'avisa même de solliciter a
son tour une audience du Pape, pour demander à Sa Sain-
tete ce qu'Elle pensait de la manière dont j avais rendu ses
idees. C'etait me faire trop d honneur! Il ne me resterait
plus la-dessus qu'a reprendre moi-même le chemin de Rome
et du Vatican pour interroger le Saint-Pere sur la fidélité
des souvenirs de M. Vigné d Octon. Mais, puisque je l'ai
deja dit, je préfère tout simplement le redire : *il n'y a pas
un mot*, dans les pages que l'on va lire, qui se rapporte a
l'entretien que le Saint-Père a bien voulu m'accorder; et,
quoi que l'on pense des idees que j'y exprime, je me fais
un scrupule, un devoir, et un plaisir d'en revendiquer pour
moi seul toute la responsabilite.

connaissait pas l'importance des « religions »
dans l'histoire, ni surtout celle de la « religion » ou du « sentiment religieux », dans le
développement de l'humanité. C'était même
le point qu'on se flattait d'avoir gagné sur
l'esprit du XVIII° siècle ; et, tout en faisant
profession d'incroyance, on ne laissait pas de
reprocher aux Voltaire, aux Diderot, aux Condorcet, la violence injurieuse de leur polémique antichrétienne, la déloyauté de leur
argumentation, et l'étroitesse de leur philosophie (1). Mais on n'en voyait pas moins, —

(1) C'est ce que Renan, dans sa jeunesse, — quand il n'était
encore l'auteur que de ses *Études d'Histoire religieuse*
et même de sa *Vie de Jésus*, — ne laissait pas echapper une
occasion de dire ; et Voltaire en ce temps-là ne lui était guère
moins odieux que Béranger lui-même, avec son *Dieu des
bonnes gens !* Mais quand il se fut aperçu qu'en somme
les conclusions de ses *Origines du christianisme* ressem-
blaient beaucoup à celles de Voltaire, il changea d'opinion,
ce qui fait honneur a sa loyauté, et, dans son *Histoire d'Israël*, on vit le mepris d'autrefois se changer en une emu-
lation d'assez basses plaisanteries, qui fait moins d honneur
à son goût. Comme l'auteur de la *Bible expliquée par les
aumôniers du roi de Pologne,* il s'égaya de son mieux aux
depens de Javeh, « une créature de l'esprit le plus borne »,
et c'est alors qu'il crut faire merveille en comparant David

avec Auguste Comte et son école entière, —
dans « l'état théologique », ce que j'appelle-
rais volontiers la phase embryonnaire de la
vie de l'intelligence ; et peut-être quelques
physiologistes ou quelques anthropologues en
sont-ils encore aujourd'hui solidement con-
vaincus. « Les religions, — lit-on dans un
livre récent, — sont les résidus épurés des
superstitions... La valeur d'une civilisation est
en raison inverse de la ferveur religieuse...
Tout progrès intellectuel correspond à une
diminution du surnaturel dans le monde...
L'avenir est à la science. » Ces lignes sont
datées de 1892, mais l'esprit qui les a dic-
tées est de vingt ou trente ans plus vieux
qu'elles (1).

Que s'est-il donc passé depuis lors ? quel
sourd travail s'est accompli dans les profon-
deurs de la pensée contemporaine ? et, à ce

à Troppmann. Je l'aime mieux, comme homme, dans ce rôle,
où il a le mérite au moins d'être plus franc, et je le préfère,
comme écrivain, dans l'autre.

(1) *La Religion*, par André Lefevre, p. 572, 573.

propos, parlerons-nous à notre tour de la « banqueroute de la science ». Les savants s'indignent sur ce mot, et on en rit dans les laboratoires. « Car, — disent-ils, — où sont donc celles de leurs promesses que la physique, par exemple, ou la chimie n'aient pas tenues, et au delà? Nos sciences ne sont nées que d'hier, et elles ont en moins d'un siècle transformé l'aspect de la vie. Laissons-leur le temps de grandir! Qui sont d'ailleurs ceux qui parlent ici de banqueroute ou de faillite? que connaissent-ils de la science? à quelle découverte, à quel progrès de la mécanique ou de l'histoire naturelle ont-ils eux-mêmes attaché leur nom? ont-ils inventé seulement le téléphone ou trouvé le vaccin du croup? C'est ce qu'on aimerait savoir avant de leur répondre. Et quand enfin quelque savant, d'esprit plus chimérique ou plus aventureux, aurait pris au nom de la science des engagements qu'elle n'a pas souscrits, est-ce la science qu'il en faut accuser? Le bon sens, que Descartes croyait « la chose du monde la plus

2

répandue » est au contraire la plus rare que
l'on sache, plus rare que le talent, aussi
rare que le génie peut-être ; et nous avouons
de bonne grâce que de grands savants en
ont parfois manqué ». Ainsi raisonnent ceux
qui ne veulent voir dans « la banqueroute de
la science » qu'une métaphore retentissante ;
— et je ne puis pas dire qu'ils aient tout à
fait tort (1).

(1) Afin de se former une juste idée de ce que l'on apporte
aujourd'hui de bonne foi dans la discussion ou dans la
polémique, je crois devoir faire observer que j'avais eu
soin d'indiquer moi-même dans cette page toutes les objections que l'on m'a faites au nom de la science ; et mes adversaires n'ont eu qu'à les développer. Non seulement je
n'ai pas nie les progrès de la science, « le telephone » ou
« le vaccin du croup », — ce qui serait aussi ridicule que de
nier en plein midi la clarté du soleil, — mais je l'ai dit tex-
tuellement : « Où sont celles de leurs promesses que la
physique, par exemple, et la chimie n'aient pas tenues et
au delà ? » Ceux qui m'ont répondu par une longue énu-
meration des progres de la science ne m'ont donc rien
appris que je n'eusse moi-même eu soin de dire ; ils n'ont
fait qu'essayer de donner le change à leurs lecteurs ; et
s'ils ne l'ont pas pris eux-mêmes, je demande quelle est
cette maniere de discuter ? Je ne crains pas que l'on me
réponde.

J'avais également prevu et prévenu l'objection qu'en effet

Mais ils n'ont pas non plus tout à fait raison, et quelque distinction qu'ils essaient d'établir entre le bon sens des « vrais » savants, et la fâcheuse témérité des autres, ce qui est certain, c'est que la science a plus d'une fois promis de renouveler la « face du monde ». « Je crois avoir prouvé la possibilité, — écrivait Condorcet il y a tout juste cent ans, — de rendre la justesse d'esprit une qualité presque universelle,... de faire en sorte que l'état habituel de l'homme, dans un peuple entier, soit d'être conduit par la vérité... soumis dans

on n'a pas manqué de tirer de mon incompétence de « physicien » ou de « chimiste ». Elle n'en a pas moins défraye des articles entiers!

Et pourquoi encore ai-je écrit que « si quelque savant, d esprit plus chimérique ou plus aventureux, a pris au nom de la science des engagements *qu'elle n'a pas souscrits,* ce n'est pas la science qu'il en faut accuser »? Trop simple ou trop naïf, je m'étais flatté que ce fût pour éviter la reponse que l'on a cru me faire en me demandant « quels sont les grands noms de la science que l'on pourrait placer au bas de ces superbes manifestes, dont je rends la science elle-même responsable? » Mais j'étais loin de compte! et, comme dit le proverbe, il n'y a pire sourd que celui qui ne veut pas entendre! Je reviendrai d'ailleurs sur ce point dans un instant.

sa conduite aux règles de la morale... se nour-
rissant de sentiments doux et purs. » Et il
ajoutait : « Tel est le point où doivent *infail-
liblement* le conduire les travaux du génie
et le progrès des lumières (1). » Me dira-t-on
que Condorcet n'était après tout qu'un ency-
clopédiste? Et je l'entends bien ainsi! Mais
Renan, à ses débuts du moins, n'a pas dit
autre chose : « La science restera toujours
la satisfaction du plus haut désir de notre
nature : la curiosité; *elle fournira toujours à
l'homme le seul moyen qu'il ait pour amélio-
rer son sort.* » Et en un autre endroit, dans
ce même livre sur *l'Avenir de la science,* dont
le titre à lui seul était tout un programme :
« *Organiser scientifiquement l'humanité,* —
c'est lui qui soulignait, — tel est donc le
dernier mot de la science moderne, telle est
son audacieuse, mais légitime prétention (2). » Voilà, je pense, des promesses! qui

(1) *Esquisse d'un tableau des progrès de l'esprit humain.* Edition Didot, t. IV des *Œuvres,* p. 395
(2) *L'Avenir de la science,* p. 37.

vont un peu plus loin que l'ambition du chimiste ou du physicien; et ce sont ces promesses auxquelles on prétend que la science aurait fait banqueroute (1).

(1) C'est ici l'un des points importants du debat. — Les « promesses » dont vous demandez compte à la science, me dit-on, elle ne les a point faites; et ni les « encyclopedistes » du siècle dernier, ni les « hégeliens » du nôtre n'avaient le droit de parler en son nom. — Examinons un peu l'objection.

1° Je consens volontiers que Renan ne soit pas un « savant » et même je me rejouis d'avoir obtenu cet important aveu. Car sa prétention etait bien de faire de la science! S'il se flattait de quelque chose au monde, c'etait d'avoir introduit dans les questions d'exégèse et de philologie une rigueur, une précision, une delicatesse de méthode égales ou du moins analogues à celles de la physiologie et de la chimie même. On le voit clair comme le jour dans le détail de son style, où les comparaisons « pseudo-scientifiques » abondent, et, ce qui est plus grave, y servent a fonder des conclusions soi-disant historiques ou morales. Encore une fois je ne suis donc pas fâché de l'avoir vu deposseder du titre de « savant » et, a dater d'aujourd'hui, je m'engage publiquement à ne voir desormais en lui qu'un « professionnel de lettres », un artiste, un poète, un dilettante.

Pour Condorcet, j'en suis bien aise aussi, quoique la question soit un peu plus délicate. Comment oublierais-je en effet que Jean-Antoine-Nicolas Caritat, marquis de Condorcet, fut en son temps « secretaire perpétuel de l'Academie des sciences »? et où allons-nous si nous admettons

Serrons cependant la question de plus près.
En fait, les sciences physiques ou naturelles

qu'on puisse être « secrétaire perpétuel de l'Académie des
sciences, » et cependant n'être pas un « savant »?

2° Il faudrait tâcher d'être loyal. Lorsque de simples philosophes, des « professionnels de lettres » comme Auguste
Comte, et, plus près de nous, comme Littré, comme Taine,
comme Renan même, et vingt autres qu'on pourrait citer,
se sont réclamés de la science, est-ce que la science les a ré-
cusés? Est-ce qu'elle a repoussé l'alliance qu'ils lui offraient ?
Est-ce que le triomphe de leurs idees n'a pas été son triomphe autant que le leur? La science peut donc bien avoir aujourd hui le droit de passer leurs idées comme au crible et
de n'en retenir que ce qu'elle y reconnaît de conforme à ses
propres certitudes. Elle n'a pas le droit de renier ses an-
ciens alliés! Car elle leur est redevable d'une part au moins
de son prestige et de sa « popularite ». S'ils ont parlé pour
elle avec un peu d imprudence peut-être, et sans y être en
quelque sorte dûment autorisés, la science n'a pas moins
profite de leur enthousiasme pour elle, et de leur talent. Ce
sont eux qui ont gagne sa cause, et non pas les inventeurs
du gaz d'eclairage ou de la chaudiere tubulaire. S ils ne se
sont point illustrés par des decouvertes personnelles et proprement « scientifiques », c'est eux qui ont assuré, dans le
temps où nous sommes, la domination de la « science » sur
les esprits. Et voilà pourquoi, les « promesses » qu'ils ont
faites en son nom, la science nous en est aujourd'hui comp-
table, parce qu'un honnête homme ne répond pas seulement
des traites qu'il a tirées, mais encore de celles qu'il a endos-
sées !

3° C'est aussi bien ce que font les vrais savants, et aux

nous avaient promis de supprimer « le mystère ». Or, non seulement elles ne l'ont pas supprimé, mais nous voyons clairement aujourd'hui qu'elles ne l'éclairciront jamais. Elles sont impuissantes, je ne dis pas à résoudre, mais à poser convenablement les seules questions qui importent : ce sont celles

textes cités dans l'article, c'est ce qui me dispense d'en ajouter d'autres. ceux de M. Berthelot me suffisent, — dans son article de la *Revue de Paris*, du 1er février 1895, — sur *la Science et la Morale*. Je ne parle pas ici, ni pour le moment, du fond de l'article : je n'en retiens que la conclusion : « Nous voyons chaque jour comment l'application des doctrines scientifiques à l'industrie accroît continuellement la richesse et la prosperité des nations... L'application des mêmes doctrines diminue sans cesse les douleurs... et augmente la durée moyenne de la vie. L'histoire du siècle present prouve également à quel point le sort de tous a été amelioré par les idees nouvelles... Telles sont les conséquences de la méthode scientifique. *C'est ainsi que le triomphe universel de la science arrivera à assurer aux hommes le maximum possible de bonheur et de moralité.* » Ni Condorcet ni Renan n'avaient rien dit de plus ; et tout ce qu'ils nous avaient promis, on le voit, un autre « secrétaire perpetuel de l'Académie des sciences » nous le promet à son tour. Que reste-t-il après cela des prétendues « reponses » ou l'on m'a reproché d'avoir attribué à la science des ambitions qu'elle n'aurait jamais eues ?

qui touchent à l'origine de l'homme, à la loi
de sa conduite, et à sa destinée future. L'in-
connaissable nous entoure, il nous enveloppe,
il nous étreint, et nous ne pouvons tirer des
lois de la physique ou des résultats de la
physiologie aucun moyen d'en rien connaître.
J'admire autant que personne les immortels
travaux de Darwin, et quand on compare l'influence de sa doctrine à celle des découvertes
de Newton, j'y souscris volontiers. Mais quoi!
Pour descendre peut-être du singe, — ou le
singe et nous d'un commun ancêtre, — en
sommes-nous plus avancés, et que savons-
nous de la vraie question de nos origines?
« Dans l'hypothèse mosaïque de la création,
— dit Hæckel, — deux des plus importantes
propositions fondamentales de la théorie de
l'évolution se montrent à nous avec une
clarté et une simplicité surprenantes. » Mais,
de plus, ajouterons-nous, « l'hypothèse mosaïque de la création » nous donne une réponse
à la question de savoir *d'où nous venons*, et
la théorie de l'évolution ne nous en donnera

jamais (1). Ni l'anthropologie, ni l'ethnogra-
phie, ni la linguistique ne nous en donneront

(1) A cette observation, je me suis étonné de la reponse
imprévue que m'a faite M. Berthelot.

« Le mystique, dit-il, qui prétendrait diriger sa vie et ses
affaires privées *d'après les seules notions du merveilleux
serait bien vite perdu.* L'histoire générale et la pathologie
mentale montrent que les peuples et les particuliers qui ont
adopté les mysteres et l'inspiration divine comme guides fondamentaux ne tardent pas à être précipites dans une ruine
morale, intellectuelle et matérielle, irréparable. »

On serait curieux, en verité, de savoir qui sont ces « peuples » dont parle ici le savant chimiste! Sont-ce les Romains,
sont-ce les Grecs, sont-ce les Egyptiens, qui ont pris pour
« guides fondamentaux » l'inspiration divine et le mystère?
Et autour de nous, dans notre monde moderne, est-ce que,
pour être beaucoup plus préoccupés que nous ne le sommes
en France des questions religieuses, la Russie, l'Angleterre,
les Etats-Unis d'Amérique s'en portent plus mal? Mais il en
est des « peuples » comme des hommes : ils meurent... parce
qu'ils sont « mortels », quand ils ont fait leur temps, et parce
que, fort heureusement, on ne peut pas toujours vivre.

Que vient faire encore ici « la pathologie mentale »? Ce
n'est pas, que je sache, Bossuet ni Calvin qui sont morts
« fous » ou « gâteux »? ou voudrait-on dire par hasard
que, de tous les hommes, il n'y a d'assurés d'échapper à « la
paralysie générale » que les « géomètres et les physiciens »?
Ce serait un précieux privilège.

Mais qu'est-ce encore que diriger sa vie « d'apres les
seules notions du merveilleux » et pour quels lecteurs notre
savant croyait-il écrire? Le « merveilleux » n'est pas le « mys-

non plus jamais une à la question de savoir *ce que nous sommes*, et soutiendront-elles, par hasard, qu'elles ne nous l'ont jamais promis? Il serait trop aisé de montrer qu'elles ne se sont pas proposé d'autre objet. « Je suis convaincu, — a dit Renan, — qu'il y a une science des origines de l'humanité qui sera construite un jour non par la spéculation abstraite, *mais par la recherche scientifique*... Quelle est la vie humaine qui, dans l'état actuel de la science, suffirait à explorer tous les côtés de cet unique problème?... Et si l'on ne l'a pas résolu, *comment dire qu'on sait l'homme et l'humanité* (1)? » Mais nous pouvons être assurés aujourd'hui que les sciences

_____

tere », et M. Berthelot se moque! S'il y a « des notions du merveilleux » — je veux dire si cette expression signifie quelque chose — ce sont peut-être les « spirites », qui dirigent leur vie d'après elles, mais le « spiritisme » et le « spiritualisme » font deux. Plus j'ai relu cette phrase et moins j'y ai trouvé de sens. Assurément cela est « d'une personne étrangère à l'esprit philosophique ». J'aime d'ailleurs à penser que, dans les « questions scientifiques », M. Berthelot apporte, à l'habitude, plus de précision et de perspicacité.

(1) *L'Avenir de la science*, p. 163.

naturelles ne nous le diront pas. Ce que nous
sommes en tant qu'animal, elles nous l'ap-
prendront peut-être! Elles ne nous appren-
dront pas ce que nous sommes en tant
qu'homme. Quelle est l'origine du langage?
quelle est celle de la société? quelle est celle
de la moralité? Quiconque, dans ce siècle, a
tenté de le dire, y a échoué misérablement;
et on y échouera toujours, et toujours aussi
misérablement, parce que, ne pouvant concevoir l'homme sans la moralité, sans le langage, ou en dehors de la société, ce sont ainsi
les éléments mêmes de sa définition qui
échappent à la compétence, aux méthodes,
aux prises enfin de la science. Ai-je besoin
d'ajouter qu'à plus forte raison les sciences
naturelles ne décideront pas la question de
savoir *où nous allons?* Qu'est-ce que l'anato-
mie, qu'est-ce que la physiologie nous ont
appris de notre destinée? Elles nous avaient
cependant promis de nous expliquer, ou de
nous révéler notre nature, et, de la connaissance de notre nature, devait suivre celle de

notre destinée. C'est en effet sa destinée qui
détermine la vraie nature d'un être (1). Mais
leurs recherches et leurs découvertes, — dont
je ne méconnais pas au surplus l'intérêt, —

(1) Un jeune professeur de philosophie, — je l'appelle
jeune, parce qu'il me traite en vieillard, — a fort obligeam-
ment relevé cette phrase dans la *Revue de Métaphysique et
de Morale*, pour se demander si elle n'etait pas à l'envers.
Mais en disant que « c'est la destinee d'un être qui détermine
sa vraie nature », je crois bien avoir dit ce que je voulais
dire, et non pas le contraire, et je m'étonne un peu qu'un
philosophe, qui sait ce que c est qu'une *cause finale*, ne m'ait
pas compris tout de suite. Par exemple, il importe beaucoup
à la conduite de la vie humaine de savoir si l'objet de cette
vie est contenu et comme enfermé dans les limites de l'existence actuelle, ou au contraire s'il les dépasse. Toute la morale en peut être changée! Si nous nous aneantissons tout
entiers en mourant, beaucoup de vertus nous sont encore possi-
bles, — je n'ai garde d'en disconvenir, — mais nous ne traite-
rons pas de la même manière les instincts que nous trouvons
en nous. La determination de notre vraie nature dépend donc
etroitement de la connaissance de notre destinee. Si nous
connaissions notre destinee, nous connaîtrions assurément
notre nature, mais si nous connaissions entièrement notre
nature, au contraire, nous ne connaîtrions pas nécessairement
notre destinée. Cela est d'un autre ordre, et rentre dans un
autre plan, qui pourrait nous échapper. La connaissance du
tout emporte celle des parties, mais la réciproque n'est pas
vraie, et nous pouvons connaitre des parties déterminees
d'un tout, en en ignorant les autres.

n'ont abouti finalement qu'à fortifier en nous notre attache à la vie, ce qui semble, en vérité, le comble de la déraison chez un être qui doit mourir.

Les sciences philologiques ont-elles mieux tenu leurs promesses? Hélas! en ce moment même, je les ai là, sous les yeux, tous ces livres, fameux naguère, où nous avons avidement cherché la réponse à nos doutes, et, en somme, qu'ont-ils établi? Dans la philosophie de la Grèce et de Rome les hellénistes s'étaient formellement engagés à nous montrer le christianisme tout entier! Mais ils n'ont oublié qu'un point : c'est de nous dire pourquoi, si le christianisme était déjà tout entier dans l'hellénisme, il n'en est pas sorti. Là pourtant est toute la question, et quand on retrouverait l'un après l'autre, dans les *Pensées* de Marc-Aurèle ou dans le *Manuel* d'Épictète, les « membres épars » du *Sermon sur la montagne;* quand l'inspiration stoïcienne, essentiellement aristocratique, n'en serait pas, à vrai dire, le contraire de celle

3

de l'Évangile; il resterait encore, il restera toujours que le *Sermon sur la montagne* a conquis le monde, et que ni le *Manuel* ni les *Pensées* n'ont rien engendré. Après comme avant les travaux de nos hellénistes, il demeure dans le christianisme quelque chose d'inexplicable par l'hellénisme, une vertu singulière, une puissance unique de propagation et de vie ; — et c'est ce que confirment les travaux des hébraïsants (1).

(1) Ceci, pour ne rien dire de la critique orthodoxe, c'est ce que les Scherer et les Renan ont clairement montré.

« Qu'on tourne la question comme on voudra, disait Scherer, on arrivera toujours a ce résultat que le christianisme diffère de l'hellénisme en ce qu'il est une religion, qu'il est une religion parce qu'il prétend à une origine surnaturelle, et que sa vertu vient précisément de ce caractère de révélation. . L'hellénisme est quelque chose de très grand et de très beau, mais il n'est qu'une philosophie, et il est condamné à rester sans influence sur les masses, sans contact même avec elles, un objet d'admiration et un aliment spirituel pour une imperceptible élite de l'humanité. Ainsi, ce qui est irrationnel est une puissance, tandis que ce qui est purement humain et raisonnable est stérile. »

On ne saurait mieux dire. C'est pourquoi nous démontrerons, si nous le voulons, et autant que nous le pourrons « les beautes » de l'hellénisme en général et du stoïcisme en par-

Car eux aussi, les hébraïsants, ils nous avaient promis de dissiper ce qu'il y a d' « irrationnel » et de « merveilleux » dans l'histoire des origines du christianisme ou dans celle du « peuple de Dieu ». Ils devaient nous montrer dans la *Bible* un livre comme un autre, — le *Mahabahrata* du sémitisme, l'*Iliade* ou l'*Odyssée* d'Israel; — et il est vrai que jusqu'à ce jour tous les efforts de la philologie n'ont pu réussir à dater avec certitude ni l'*Odyssée*, ni le *Mahabahrata!* Mais c'est surtout à l'occasion de la *Bible* que

ticulier; nous établirons que les dogmes du christianisme ne sont qu'une greffe hellénique entée sur un tronc judaïque; après quoi, si le tronc est judaïque, cela suffit d'abord à changer la qualité de la sève; et il reste à déterminer non seulement comment, dans quelle mesure, pour quelle raison, le christianisme s'est approprié quelques-unes des idées de la philosophie grecque, mais en vertu de quel principe intérieur il les a organisées et refondues à son usage ou à son image.

C'est ainsi que nous-mêmes nous ne *devenons* pas les viandes ni les herbes dont nous faisons notre nourriture; mais nous nous les assimilons; et « par la vertu de l'idée directrice » qui maintient en nous notre type, nous nous les convertissons en sang et en *humanité.*

leurs systèmes, aussi nombreux qu'arbitrai-
res, se sont heurtés les uns les autres, et
qu'après avoir vainement tenté de les conci-
lier sous la loi d'une indifférence voisine du
scepticisme, ils ont dû reconnaître que leur
érudition avait embrouillé ce qu'elle s'était
flattée d'éclaircir. C'est ainsi qu'il n'y a pas
moins de six ou sept opinions sur l'origine
ou sur l'auteur du *Pentateuque;* et que, s'il
nous plaît d'en dater la composition du temps
de Josué par exemple, ou de Saül, ou de David, ou de Salomon, ou de Josias, ou de la
captivité de Babylone, ou d'Esdras, ou de Né-
hémias, ou des premiers Ptolémées, ou des
Macchabées même, on le peut; et les maîtres
de la philologie moderne en fourniront les
raisons qu'on voudra. Comptez encore ce
qu'il y a de théories sur la date et sur l'auteur du quatrième Évangile! Et, au bout de
tout cela, quand on se demande quels sont
enfin les résultats de cette débauche de critique, les fortes paroles de Bossuet sont encore
celles qui reviennent invinciblement en mé-

moire : « Qu'on me dise s'il n'est pas constant
que de toutes les versions et de tout le texte
quel qu'il soit, il en reviendra toujours les
mêmes lois, les mêmes miracles, les mêmes
prédictions, la même suite d'histoire, *le même
corps de doctrine et enfin la même substance* (1)? » Il a raison ! même substance, et
même « suite d'histoire » ! histoire unique, de
l'aveu même d'un Renan ! substance irréduc-
tible ! Quoi que ce soit, il y a quelque chose
dans l'histoire du « peuple de Dieu » qui ne
se retrouve dans aucune autre. Quelque ambition qu'on ait affectée de la « rabattre »,
pour ainsi parler, sur le plan des autres his-
toires, elle y a résisté, elle en a triomphé. Si
par un détour imprévu d'elle-même, l'exégèse, un jour ou l'autre, se trouvait avoir
ainsi confirmé ce qu'elle avait prétendu détruire, il ne faudrait pas s'en étonner, puisque
après tout c'est aujourd'hui sa seule espérance de salut (2). Et ce qu'il faut dire en at-

(1) *Discours sur l'Histoire universelle*, Part. II, ch. 28.
(2) Ces observations, que je ne croyais pas autrement te-

tendant, c'est que bien loin d'avoir expulsé de
l'histoire du christianisme l' « irrationel »

méraires, ont cependant scandalisé les savants exégètes de la
Revue chrétienne, ceux du *Temps* et ceux du *Journal de
Genève*. Mais ce sont peut-être les mêmes !

« Eh quoi! se sont-ils ecriés; l'exégèse, la gloire du dix-
neuvième siecle, la reine des sciences philologiques, Les-
sing et Paulus, de Wette et Strauss, Baur et Schwegler, Ewald
et Olshausen, puis encore, Lepsius et Rawlinson, Burnouf,
Renan lui-même, tous ceux qui, de notre temps, egyptologues
et assyriologues, indianistes ou hebraïsants, philologues,
lexicologues, ethnographes, anthropologistes, ont renouvele
la face de l histoire, et en un certain sens l'idée même que
nous nous formions de l'esprit humain, c'est ainsi qu'on les
traite! » Ils pouvaient ajouter; ils le peuvent, s'ils le veulent : « Et celui qui les traite ainsi, c'est un de leurs disciples,
sinon de leurs eleves, un de ces enfants ingrats, comme dit
La Bruyère, « qui battent leur nourrice! » C'est un homme
qui, si peu qu'il ait fait, ne l'a fait qu'après eux, sur leurs
traces, en leur empruntant leurs principes et leurs me-
thodes! » Et j'en tombe d'accord avec eux; et je conviens
qu'après les livres d'histoire naturelle générale, il n'en est pas
que j'aie lus, que je lise encore plus volontiers, avec plus de
fruit que les livres d'exégèse. Faut-il le répéter, si je crois
bien l'avoir dit vingt fois? l'un des plus beaux livres de ce
siecle, où j'ai le plus appris, c'est celui d'Eugène Burnouf,
l *Introduction à l'histoire du bouddhisme indien;* et, de
l œuvre entière de Renan, je ne sais s'il est rien que je pré-
fere à son *Histoire des Langues sémitiques*. Quel dommage
qu'elle soit inachevée!

Mais, après tout cela, je n'en maintiens pas moins mon obou le « merveilleux » elle les y a réintégrés, puisque, dans l'histoire même du bouddhisme, les analogies d'évolution qu'elle croyait avoir

servation, et je ne l'explique pas, à vrai dire, mais je la précise.

Il n'y a qu'une question à résoudre, et quand je dis qu'il n'y en a qu'une, c'est que je crois qu'il n'y en a pas deux : *Jésus-Christ est-il ou n'est-il pas Dieu?* On tourne autour ; on équivoque, on répète avec J.-J. Rousseau : « Si la vie et la mort de Socrate sont d'un sage, la vie et la mort de Jésus sont d'un Dieu », ce qui n'est qu'une phrase! Mais on ne saurait échapper à la nécessité de répondre, de répondre par oui ou par non, et bien loin de nous y aider, je soutiens que l'exégèse ne nous sert qu'à nous dérober. Cette seule question tranchée, toutes les autres suivent, sans en excepter celle de la révélation, ou du surnaturel, comme on le voit sans doute, et aussi longtemps qu'on ne l'a pas tranchée, on n'a rien fait.

Accordons en effet à l'exégèse rationaliste la vérité de ses conclusions et tenons-les pour définitivement établies. Admettons que, depuis le troisième ou le quatrième siècle, le christianisme se soit propagé, développé, soutenu par des moyens purement humains. Supposons que le dogme chrétien, sa métaphysique et sa morale ne soient que des « adaptations » de la philosophie grecque aux exigences du texte biblique. Consentons que les *Évangiles* ne soient ni de leurs auteurs ni du temps que leur assigne la tradition de l'Église. Qu'en résulterait-il? En serait-il moins vrai qu'à une époque déterminée, sur les bords du lac de Génésareth, un homme a paru qui s'est dit, qui s'est cru, et que l'on a cru fils de Dieu? Le caractère général de son enseignement

découvertes n'ont pas tenu devant un examen plus attentif et plus consciencieux.

Autre promesse encore, à laquelle ont manqué les orientalistes à leur tour! Les quelques ressemblances qu'on a signalées entre le bouddhisme et le christianisme, pour être d'ailleurs infiniment curieuses, ne sauraient en effet masquer la différence profonde, la différence intime qui les sépare ou qui les

ou de sa prédication en est-il changé dans son fond ou modifié dans sa teneur essentielle? Son œuvre en est-elle moins ce qu'elle est? Et si non, qui ne voit que la question subsiste tout entière et qu'elle est, comme nous disions, la seule : « Était-il ou n'était-il pas Dieu ? »

C'est ce que Bossuet voulait dire. On ne saurait mettre la question de la divinité de Jésus à la merci d'une chicane de grammaire ou de chronologie, et la crédibilité des Évangiles n'a rien de commun avec le problème du « surnaturel ». Si Jésus n'était pas Dieu, nous avons le droit de nier sa « mission » ou ses « miracles ». Mais s'il était Dieu, c'est sa divinité qui rend ses « miracles » ou sa « mission » probables. Et dans l'un comme dans l'autre cas, orthodoxe ou rationaliste, l'exégèse a dû prendre intérieurement son parti de répondre dans un sens ou dans l'autre avant même que de procéder à ses investigations. Ou en d'autres termes encore : elle ne peut retrouver dans ses conclusions que ce que contenaient déjà ses prémisses ; — et la majeure en est toujours une affirmation ou une négation de la divinité du Christ.

oppose. J'avoue d'ailleurs sans difficulté que, dans l'état présent de la science, on la sent, cette différence, plutôt qu'on ne saurait la définir. Si quelques-uns de nos orientalistes avaient eu plus d'ouverture ou de largeur d'esprit, s'ils ne s'étaient pas confinés dans de minutieuses études de textes, c'est eux assurément qui auraient été les plus dangereux adversaires du christianisme. Ils le seront peut-être un jour! Mais, jusque-là, — comme les hébraïsants et comme les hellénistes, — ils n'ont apporté, eux troisièmes, qu'un élément de trouble dans la discussion, d'autres raisons de douter, non de croire, et des commencements d'hypothèses plutôt que des solutions. Ne les a-t-on pas vus soutenir que Çakya-Mouni n'était peut-être qu'un « mythe solaire »? et s'ils réussissaient, quelque jour, à le démontrer, que subsisterait-il de la comparaison qu'on a tenté si souvent d'établir entre Jésus-Christ et Bouddha?

J'arrive enfin aux sciences historiques, — si ce sont des sciences, — et, comme les sciences naturelles, je ne puis m'empêcher d'observer qu'elles nous ont appris assurément beaucoup de choses, mais aucune de celles que nous attendions de leurs progrès. Les rois de Rome ont-ils existé, par exemple, ou ne sont-ils, peut-être, eux aussi, que des « mythes solaires » ? Voilà sans doute ce qu'on appelle une « jolie question » ; mais, à vrai dire, que nous importe ? et quel intérêt a-t-elle bien de soi ? La grande question est ici de savoir s'il existe *une loi de l'histoire*, et dans quelle mesure nous y sommes asservis. Cependant c'est justement ce que nous ignorons, et je crains qu'on ne doive ajouter : c'est ce que nous ignorerons toujours. Sommes-nous nos maîtres ? ou sommes-nous les esclaves de quelque « force majeure » ? Nous acheminons-nous vers quelque but apparent ? ou l'histoire n'est-elle que le « lieu », pour ainsi parler, du désordre et de l'incohérence ? Ni la paléographie, ni la diplomatique, ni l'archéologie ne nous ont donné là-dessus de réponse. Elles nous en devaient une, pourtant, si nous ne

les avions inventées, selon l'expression de
Renan, que pour constituer la science des
« produits de l'esprit humain »; et si cette
science n'avait d'objet que d'augmenter, que
de préciser, que de « théorétiser » notre connaissance de l'homme. « Quand on écrit sur
les maîtres de Ninive, ou sur les Pharaons
d'Égypte, on peut n'avoir qu'un intérêt historique; mais le christianisme est une puissance tellement vivante et la question de ses
origines implique de si fortes conséquences
pour le présent le plus immédiat, qu'il faudrait plaindre l'imbécillité des critiques qui
ne porteraient à ces questions qu'un intérêt
purement historique. » Ces paroles sont de
J.-F. Strauss (1). Mais nous dirons, nous, que,
même quand on écrit sur « les Pharaons d'É-
gypte » ou sur « les maîtres de Ninive », on
est tenu d'une autre obligation, plus haute,
mais non moins rigoureuse, que de rétablir
la succession des rois pasteurs ou de décrire

(1) *Nouvelle Vie de Jésus*, préface de l'auteur, p. IX.

avec exactitude le palais de Khorsabad. Si
c'est donc l'obligation à laquelle nous avons
vu depuis cinquante ou soixante ans les sciences historiques s'efforcer de se soustraire, il
ne faut pas qu'elles s'étonnent de se l'entendre quelquefois reprocher. Le zend ou l'as-
syrien n'ont pas été créés pour qu'on les en-
seignât dans une chaire du Collège de France
ou de l'Université de Berlin ; l'érudition n'a
pas son objet en elle-même ; et de même que
les sciences juridiques ne sauraient se déta-
cher d'une philosophie du droit, les sciences
historiques ne sont qu'une curiosité vaine, si
leurs moindres recherches ne tendent pas à la
philosophie de l'histoire.

Si ce ne sont pas là des « banqueroutes »
totales, ce sont du moins des « faillites » par-
tielles, et l'on conçoit assez aisément qu'elles
aient ébranlé le crédit de la science. Qui donc
a prononcé cette parole imprudente « que la
science ne valait qu'autant qu'elle peut re-
chercher ce que la religion prétend ensei-
gner ? » et encore celle-ci, « que la science

n'a vraiment commencé que le jour où la raison s'est prise au sérieux et s'est dit à elle-
même : Tout me fait défaut, de moi seule me
viendra mon salut ! » Taisez-vous, raison im-
bécile ! aurait sans doute répondu Pascal ; et,
à la vérité, nous ne saurions dire ce qu'il en
sera dans cent ans, dans mille ans ou deux
mille ans d'ici ; mais, pour le moment, et pour
longtemps encore, il semble que la raison soit
impuissante à se délivrer seulement de ses
doutes, bien loin de pouvoir faire elle-même
son salut ; et s'il est vrai que depuis cent ans
la science ait prétendu remplacer « la religion », la science, pour le moment et pour
longtemps encore, a perdu la partie. Incapa-
ble de nous fournir un commencement de réponse aux seules questions qui nous intéres-
sent, ni la science en général, ni les sciences
particulières, — physiques ou naturelles,
philologiques ou historiques, — ne peuvent
plus revendiquer, comme elles l'ont fait depuis cent ans, le gouvernement de la vie présente. A défaut d'une certitude entière, ma-

thématique et raisonnée, si nous avons besoin de nous former une idée de ce que nous
sommes, et si le lien social ne peut subsister
qu'à cette condition, les sciences peuvent nous
y aider, mais il ne leur appartient pas de déterminer, et encore bien moins de juger cette
idée. Pour le moment, dans l'état présent de
la science, et après l'expérience que nous
en avons faite, la question du libre arbitre,
par exemple, ou celle de la responsabilité
morale, ne sauraient dépendre des résultats
de la physiologie. Le progrès qu'on avait
cru faire, avec Taine et sur ses traces, en
« soudant, — selon son expression, — les
sciences morales aux sciences naturelles, »
n'a pas été du tout un progrès, mais au contraire un recul. Si nous demandions au darwinisme des leçons de conduite, il ne nous en
donnerait que d'abominables (1). Et, sans

(1) C'est ici la seule expression que je consente à modifier,
comme étant trop absolue dans sa brièveté. Si l'on a tiré du
« darwinisme mal entendu » d'odieuses conséquences, on
en peut tirer d'autres du darwinisme mieux interprété.
C'est ce que j'essaierai prochainement de montrer.

doute, d'un darwinisme à peine assuré de la
solidité de ses principes, ou d'une physiologie rudimentaire encore, on en peut bien ap-
peler à une physiologie plus savante ou à un
darwinisme mieux entendu ; mais, en attendant, il faut vivre, d'une vie qui ne soit pas
purement animale, et la science, aucune
science aujourd'hui ne saurait en donner les
moyens.

C'est la raison de la révolution, ou de l'évolution, que nous voyons se produire et dont
on trouverait les preuves, au besoin, dans la
Bibliographie de la France. Non pas du tout
que je me fasse illusion sur les « décadens du
christianisme, » — c'est le titre d'un livre qui
ne tient pas, lui non plus, ce qu'il semblait pro-
mettre ; — et je n'abandonnerais volontiers,
pour ma part, ni la philologie, ni l'exégèse
même aux « néo-catholiques, » ou à nos
« symbolistes ». S'il y en a de sincères, j'en
sais qui le sont moins, et qui ne croient au
fond qu'à eux-mêmes. J'ai moins de confiance
encore dans les « néo-bouddhistes », avec

leurs exercices, et je n'en mets décidément
aucune dans ces nouveaux « mystiques »
qu'on voit se délasser d'un traduction de
Tauler ou de Ruysbröck en écrivant une
pièce pour le Théâtre-Libre. Vingt ans plus
tôt, je suis trop sûr qu'ils eussent été naturalistes, et leur mysticité n'est qu'une affaire
de mode ou une « réclame » de librairie. Et
je n'attribue pas enfin plus d'importance
qu'elles n'en ont aux déclamations pieuses
qu'on est surpris quelquefois de lire dans *le
Peuple français* ou dans *l'Autorité*... Mais il
n'en est pas moins vrai que l'évolution se pro-
duit, et, déjà, nous commençons d'en discer-
ner quelques-uns des effets (1). Deux mots

(1) Quelle est la profondeur et l'etendue de ce « mouvement ? » On m'a encore prêté sur ce point des illusions que j'a-
vais cependant assez clairement dit que je ne me faisais point.
Mais que le « mouvement » existe, ceux-là seuls peuvent le
nier qui craignent en quelque manière de le « populariser »
en le combattant trop ouvertement. Le « neo-catholi-
cisme » est un fait, comme disent les savants ; et un fait a
d'ailleurs plus ou moins d'importance, mais ce qu'on ne devrait pas avoir besoin d'apprendre aux savants, c'est qu'il
faut toujours compter avec lui.

suffisent à les résumer : la Science a perdu son prestige, et la Religion a reconquis une partie du sien.

II

« Toute réaction religieuse profitant d'abord au catholicisme, » — c'est du moins Renan qui l'a dit, — il n'est pas étonnant qu'un Pape politique, s'inspirant le premier des nécessités de l'heure présente, ait conçu l'espérance et formé le projet de diriger le mouvement. C'était assurément son droit. *Multæ sunt mansiones in domo patris mei :* et il y a aussi plusieurs aspects, ou, pour ainsi parler, plusieurs faces du christianisme. Puisque jadis, en des temps étrangement confus, l'Église avait triomphé de cette espèce d'éruption de l'instinct et de cette révolte de la nature, qui fut sans doute l'un des caractères essentiels de la Renaissance, et qu'elle avait même arraché l'empire de l'art au paganisme du xvᵉ siècle; — puisque, cent cinquante ou

deux cents ans plus tard, elle avait pu con-
tre-balancer la redoutable influence du car-
tésianisme, en l'absorbant, et même en s'en
aidant pour développer ce qu'il y a de substance rationnelle dans son propre enseignement; — et puisque enfin, au début du siècle
où nous sommes, elle n'avait pas refusé de
traiter avec la Révolution, et qu'elle l'avait
pu, sans rien abandonner de ses droits ou
céder de son dogme; — pourquoi, dans un
temps comme le nôtre, s'il y a dans sa tradition quelque vertu sociale, et qu'aucune
considération de l'ordre temporel n'en gêne
plus le libre développement, pourquoi n'es-
saierait-elle pas de se présenter aux peuples
sous ce nouvel aspect d'elle-même? et pourquoi n'y réussirait-elle pas? Évoluer n'est pas
changer, a dit un ancien Père. *Quod evolvi-
tur... non ideo proprietate mutatur :* c'est
l'expression même de saint Vincent de Lérins.
L'épanouissement des frondaisons de l'arbre
n'est pas une « variation » du germe; et ce
n'est pas « changer », ce n'est pas devenir

autre, que de développer le contenu de sa loi, puisque au contraire c'est achever de devenir soi-même (1). On ne l'avait pas oublié, mais d'autres soucis, plus pressants, — et

(4) Voilà déjà longtemps que le point de vue que j'indique a été développé par saint Vincent de Lerins dans son *Commonitorium.* Bossuet l'a repris dans les deux premiers et dans le sixième de ses *Avertissemens aux Protestants.* Plus près de nous, celui qui devait être le Cardinal Newman en a fait la matière d'un livre tout entier : c'est son *Essai sur le développement de la doctrine chrétienne.* Paris, 1848.

Il y distingue très subtilement, mais très solidement aussi, le développement d'une idée d'avec sa « perversion » ou sa « corruption ». Les marques ou signes qu'il donne pour caractéristiques de cette distinction sont d'ailleurs extrêmement curieux, comme étant tous tirés des analogies de l'histoire naturelle ; et, si l'on considère la date de cet *Essai,* j'ose dire qu'à cet égard il prépare ou même il annonce l' « évolution » d'Herbert Spencer et de Darwin. Aussi bien y avait-il déjà quelque chose de cela dans saint Vincent de Lerins.

Enfin, si l'on veut savoir quelle est sur cette matière infiniment délicate et importante, — puisqu'en somme il y va de l'avenir dogmatique du christianisme, — l'avis actuel du catholicisme et du protestantisme, on consultera, du côté catholique, le traité du cardinal Franzelin : *De divina traditione et scriptura,* Rome, 1882, troisième édition, pp. 278-288 ; et du côté protestant l'intéressante brochure de M. Sabatier sur l'*Evolution des Dogmes,* Paris, 1889.

notamment celui de soutenir et de repousser l'assaut de la science laïque, — avaient surtout préoccupé les prédécesseurs de Léon XIII. Autres temps, autres soins! Qui se détacherait aujourd'hui de la communion de l'Église pour des « raisons philologiques »? Et, d'un autre côté, si l'impuissance de la science physique ou naturelle à supprimer le « mystère » est prouvée, remontons donc maintenant à la source. Invoquons l'esprit de conciliation et de paix. Libres et dégagés des nécessités d'une lutte qui avait réclamé jusqu'ici toute notre activité, ne prolongeons pas d'inutiles controverses. Et après avoir prouvé la vérité ou la « divinité » de la religion par la continuité de son dogme immuable, prouvons-la maintenant par le bien qu'elle peut faire encore à ce monde inquiet et troublé.

C'est ainsi, ou à peu près, que l'on peut essayer de se représenter les intentions du pape Léon XIII, et il semble que, depuis dix-sept ans, tous ses actes comme toutes ses paroles aient tendu à ce grand dessein. Certes, il n'a rien abandonné ni des droits de l'Église ni de l'autorité du dogme, le pontife qui a écrit les mémorables *Encycliques* du 28 décembre 1878, *sur les Erreurs modernes;* et du 11 août 1879, *sur la Philosophie chrétienne,* et du 10 février 1880, *sur le Mariage chrétien.* Même, la seconde a scandalisé tous ceux à qui sans doute elle apprenait pour la première fois que saint Thomas est un des plus beaux génies dont se puisse honorer l'histoire de la pensée humaine. Mais, en proclamant l'indépendance de l'Église à l'égard des formes du gouvernement; comme en s'occupant des questions ouvrières avec une sollicitude particulièrement active; et comme en travaillant à préparer dans un lointain avenir la réconciliation en une des diverses communions chétiennes, il a fait trois grandes choses, — dont la première conséquence a été de rendre au catholicisme, et généralement à la religion, leur part d'action sociale.

Les catholiques, — écrivait-il dans son *Ency-clique sur l'origine du pouvoir civil*, du 29 juin 1881, — vont chercher en Dieu le droit de commander, et le font dériver de là comme de sa source naturelle, et de son principe nécessaire... Toutefois, il importe de remarquer ici que, s'il s'agit de désigner ceux qui doivent gouverner la chose publique, cette désignation pourra, dans certains cas, être laissée au choix et au jugement du plus grand nombre, *judicio multitudinis*, sans que la doctrine catholique y fasse le moindre obstacle, *non adversante neque repugnante doctrina catholica...* Il n'est pas question davantage des différents régimes politiques, et il n'existe pour l'Église aucune raison de ne pas approuver le gouvernement d'un seul ou celui de plusieurs, pourvu seulement qu'il soit juste et qu'il s'applique au bien commun. Aussi n'est-il point interdit aux peuples (1)... de se donner telle forme politique qui s'adaptera mieux ou à leur génie propre, ou à leurs traditions et à leurs coutumes.

Ces paroles sont assez claires! Mais les idées mûrissent lentement dans l'esprit de Léon XIII,

(1) Il y a ici, dans les traductions françaises : « Sous réserve des droits acquis », ce qui me semble une traduction trop libre et un peu abusive du latin *salva justitia*.

et c'est justement ce qui donne à tout ce qu'il
dit tant de poids et d'autorité. Il a donc voulu
revenir, à plusieurs fois, sur cette grande
question, et on lit, dans la *Lettre aux cardi-
naux français*, du 3 mai 1892 :

Nous l'avons expliqué, *et nous tenons à le redire,*
pour que personne ne se méprenne sur notre enseignement. Un de ces moyens (d'atteindre et de
réaliser l'union) est d'accepter sans arrière-pen-
sée, avec cette loyauté qui convient au chrétien,
le pouvoir civil, dans la forme où de fait il existe.
Ainsi fut accepté en France le premier Empire au
lendemain d'une effroyable et sanglante anarchie; ainsi furent acceptés les autres pouvoirs,
soit monarchiques, soit républicains, qui se suc-
cédèrent jusqu'à nos jours.

... Lors donc que dans une société il existe un
pouvoir constitué et mis à l'œuvre, l'intérêt commun se trouve lié à ce pouvoir, et l'on doit, pour
cette raison, l'accepter tel qu'il est. C'est pour ce
motif et dans ce sens que Nous avons dit aux catholiques français : acceptez la République, c'est-
à-dire le pouvoir constitué et existant parmi vous;
respectez-le; soyez-lui soumis comme représen-
tant le pouvoir venu de Dieu.

Son langage n'a pas été moins net, ni moins conciliant, sur la question ouvrière. Dans l'*Encyclique* du 29 juin 1881, après avoir défini l'inquiétude qui travaille les sociétés modernes, il poursuivait en ces termes hardis :

Ce qu'il y a de plus grave, c'est que, au milieu de tant de périls, les chefs des États ne semblent disposer d'aucun remède propre à rétablir la paix dans les esprits et l'ordre dans la société. On les voit s'armer de la puissance des lois et sévir avec vigueur contre les perturbateurs du repos public. Mais, s'il n'y a rien de plus juste, ils feraient bien de considérer qu'un système de pénalités, quelle qu'en soit la force, ne suffira jamais à sauver les nations : *vim nullam pœnarum futuram quæ conservare respublicas sola possit.* « La crainte, comme l'enseigne excellemment saint Thomas, est un fondement infirme. Vienne l'occasion qui permet d'espérer l'impunité, ceux que la crainte seule a soumis se soulèveront avec d'autant plus de passion contre leurs chefs que la terreur les avait jusque-là contenus avec plus de violence. D'ailleurs la terreur même jette ordinairement les hommes dans le désespoir; le désespoir leur inspire l'audace; et l'audace les précipite dans les attentats les plus monstrueux.»

Mais, si le remède est dans le retour aux principes chrétiens, ces principes ont des applications immédiates et pratiques, et le Pape les a mis en lumière dans la célèbre *Encyclique* du 15 mars 1891 *sur la Condition des ouvriers :*

La raison formelle de toute société est une et commune à tous ses membres, grands et petits. Les pauvres, au même titre que les riches, sont de par le droit naturel des citoyens, c'est-à-dire du nombre des parties vivantes dont se compose, par l'intermédiaire des familles, le corps entier de la nation, pour ne pas dire qu'en toutes les cités ils sont le grand nombre... Comme donc il serait déraisonnable de pourvoir à une classe de citoyens, et d'en négliger l'autre, il devient évident que l'autorité publique doit prendre les mesures voulues pour sauvegarder le salut et les intérêts de la classe ouvrière...

Pour ce qui est des intérêts physiques et corporels, l'autorité publique doit tout d'abord les sauvegarder, en arrachant les malheureux ouvriers aux mains de ces spéculateurs qui, ne faisant point de différence entre un homme et une machine, abusent sans mesure de leurs personnes pour satisfaire d'insatiables cupidités. Exiger une somme de travail qui, en émoussant toutes les facultés de l'âme, écrase le corps et en consume les forces jusqu'à l'épuisement, c'est une conduite que ne peuvent tolérer ni la justice ni l'humanité...

La violence des révolutions politiques a divisé le corps social en deux classes et creusé entre elles un abîme immense. D'une part, la toute-puissance dans l'opulence : une faction qui, maîtresse absolue de l'industrie et du commerce, détourne le cours des richesses et en fait affluer en elle toutes les sources... de l'autre, la faiblesse dans l'indigence : une multitude, l'âme ulcérée, toujours prête au désordre. Que l'on stimule l'industrieuse activité du peuple par la perspective d'une participation à la propriété du sol, et l'on verra se combler peu à peu l'abîme qui sépare l'opulence de la misère, et s'opérer le rapprochement des deux classes.

Citons encore ce passage de la *Lettre sur la Question ouvrière*, à M. G. Decurtins, du 7 août 1893 :

S'il y a un motif grave et juste pour lequel l'autorité publique ait le droit d'intervenir pour protéger par des lois la faiblesse des ouvriers, on ne pourra pas assurément en trouver de plus grave et de plus juste que la nécessité de venir en aide à la faiblesse des enfants et des femmes.

Et d'autre part, il est évident pour tous combien serait imparfaite la protection donnée au travail des ouvriers si elle l'était par des lois différentes que chaque peuple élaborerait pour son compte, car les marchandises diverses venues de divers pays se rencontrant sur le même marché, certainement la réglementation imposée ici ou là au travail des ouvriers aurait cette conséquence que les produits de l'industrie d'une nation se développeraient au préjudice d'une autre.

Mais déjà sans doute, quand il écrivait cette dernière phrase, une idée encore plus hardie s'élaborait dans l'esprit de Léon XIII, et déjà son active imagination voyait s'ouvrir les perspectives de l'*Encyclique* du 20 juin 1894 *sur l'Unité catholique :*

Pendant que notre esprit s'attache à ces pensées, — de réconciliation des Églises protestantes et des Églises orientales avec l'Église latine, — et que notre cœur en appelle de tous ses vœux la réa-

lisation, nous voyons là-bas, dans le lointain
de l'avenir, se dérouler un nouvel ordre de choses, et nous ne connaissons rien de plus doux
que la contemplation des immenses bienfaits qui
en seraient le résultat naturel. L'esprit peut à
peine concevoir le souffle puissant qui saisirait
soudain toutes les nations, alors que la paix et
la tranquillité seraient bien assises; que les lettres
seraient favorisées dans leurs progrès; et que
parmi les agriculteurs, les ouvriers, les industriels,
il se fonderait sur les bases chrétiennes que nous
avons indiquées de nouvelles sociétés capables de
réprimer l'usure, et d'élargir le champ des travaux utiles : *quarum ope vorax reprimatur usura,
et utilium laborum campus dilatetur.*

Et, dans un autre endroit :

Nous n'ignorons pas ce que demande de longs
et pénibles travaux l'ordre de choses dont nous
voudrions la restauration, et plus d'un pensera
peut-être que nous donnons trop à l'espérance...
Mais nous supplions les princes et les gouvernants
au nom de leur clairvoyance politique et de leur
sollicitude pour les intérêts de leurs peuples, de
vouloir équitablement apprécier nos desseins et
les seconder de leur autorité... Le siècle dernier
laissa l'Europe fatiguée de ses désastres, trem-

blante encore des convulsions qui l'avaient agitée.
Le siècle qui marche à sa fin ne pourrait-il pas,
en retour, transmettre comme un héritage, au
genre humain, quelques gages de concorde, et
l'espérance des grands bienfaits que promet l'u-
nité de la foi chrétienne ?

Ce sont là de nobles paroles, dont la no-
blesse n'est égalée que par la sincérité de
l'émotion qui les anime, et certes aucun rêve,
— si les expressions du Saint-Père lui-même
nous autorisent peut-être à nous servir de ce
mot, — ou aucune espérance ne saurait mieux
convenir et aux aspirations de cette fin de
siècle, et au caractère de l'illustre vieillard
qui gouverne à peu près souverainement la
croyance de 200 millions d'hommes. Il a
compris ce que l'on attendait du plus grand
pouvoir moral qui soit parmi les hommes, et
le plus ancien. Résolument, il a lancé la bar-
que de saint Pierre sur la mer orageuse du
siècle, et ni l'impétuosité des vents, ni le tu-
multe des flots, ni la clameur même des pas-
sagers effrayés de sa tranquille audace ne

5.

l'ont un seul jour détourné de son but. Et si d'ailleurs il ne l'atteignait pas, si cette Providence, dont il ne se regarde que comme l'instrument, ne lui permettait pas de l'atteindre, il n'en aurait pas moins l'impérissable honneur de se l'être à lui-même marqué.

L'avenir lui saura surtout gré de s'être souvenu que le christianisme a commencé par être une religion de pauvres, et que, selon l'insolente et cruelle expression de Voltaire « la plus vile canaille l'avait seule embrassée pendant plus de cent ans ». Je crains bien que Renan ne voulût dire plus élégamment, et moins franchement, la même chose, quand il nous avertissait de ne pas nous représenter les voyages de Paul et de Barnabé comme ceux « d'un Livingstone... ou d'un François Xavier » mais plutôt « comme ceux d'ouvriers socialistes répandant leurs idées de cabaret en cabaret ». Et sans doute il s'est applaudi d'avoir trouvé ce « cabaret » ! *Differantur isti superbi, aliqua soliditate sanandi sunt.* L'Évangile ne rebute point les grands, ni les

puissants, ni les sages ; il ne les rejette pas ;
mais il les « diffère ». Si c'est justement l'honneur du christianisme, si ç'a été sa force à
ses débuts, si peut-être il n'a pas donné de
signe plus éclatant ni de preuve plus convain-
cante de sa mission, que de s'être adressé
d'abord aux humbles de ce monde, là aussi
est son avenir et, pour ainsi parler, dans la
société que nous a faite la philosophie du
siècle dernier, là est sa promesse d'éter-
nité (1). Aucun pontife ne l'a mieux senti
que le Pape Léon XIII, et l'ayant senti, ne l'a
dit avec plus d'abondance de cœur et d'ardeur de persuasion. Aucun ne l'a redit avec
plus d'insistance. Et aucun surtout, en ensei-
gnant à ceux qui peinent l'inutilité de la vio-

(1) Sur ce mouvement « socialiste » dont il semble que
Léon XIII, apres y avoir mûrement reflechi, ce soit emparé
dans la celebre Encyclique : *De conditione opificum*, pour
le contenir, le developper dans un sens conforme à la tradition catholique, et le diriger, le meilleur livre que je
connaisse est celui de M. Nitti : *Le Socialisme catholique*. Il a eté traduit recemment en français, et il fait
partie de la *Collection d'auteurs étrangers contempo-
rains* que publie l'éditeur Guillaumin.

lence ou de la révolte, et aux heureux du jour ce que leurs obligations envers leurs « frères » ont d'impérieux et d'absolu, ne l'a fait avec un plus vif sentiment de la fraternité humaine, de l'égalité chrétienne, et de la liberté apostolique.

III

Nous, cependant, que ferons-nous ? Évidemment nous ne sacrifierons ni la science, et encore bien moins l'indépendance de notre pensée. Si nous n'admettons pas que la science puisse jamais remplacer la religion, — et nous en sommes convenus peut-être avec assez de franchise, — nous n'admettrons pas non plus qu'on oppose la religion à la science. L'Église aussi bien ne le demande à personne ; et pourquoi le demanderait-elle, si ce n'est pas elle, mais si ce sont, comme on l'a vu, les Hæckel et les Renan (1), qui dans le récit

(1) Un journaliste, qui est en même temps une façon d'hébraïsant, a cru beaucoup m'embarrasser en me demandant où Renan pouvait bien avoir exprimé une idée aussi

biblique de la création, par exemple, ont re-
connu le plus pur esprit de la doctrine évolutive? J'ajoute que l'impuissance radicale de
la science à résoudre les questions d'origine
et de fin semble avoir désormais opéré la sé-

saugrenue. Je m'empresse donc de le lui dire. C'est dans
son *Histoire du peuple d'Israël*, t. I, pp. 79-80. « Il ne
faut pas oublier que le chapitre *Berésith* a été de la science
à son jour. Le vieil esprit babylonien y vit encore. La succession des créations et des âges du monde, cette idée que
le monde a un *devenir*, une histoire où chaque état sort
de l'état antérieur par un développement organique, était un
immense progrès... La fausse simplicité du récit biblique *a
masqué le puissant esprit évolutionniste qui en fait le
fond, mais le génie des Darwin inconnus que Babylone a
possédés il y a quatre mille ans, s'y reconnait toujours...* ». Et dans un autre endroit. *Israël*, t. II, pp. 387-
388. « Cette belle page — le récit de la création — est un
premier essai d'explication des origines du monde, *impli-
quant une très juste idée du développement successif de
l'univers.* Tout nous invite à chercher l'origine de cette théorie cosmogonique à Babylone. Ce qui caractérisa la science
babylonienne, ce fut la tentative d'expliquer l'univers par
des principes physiques. *La génération spontanée et la
transformation progressive des êtres y furent toujours
à l'ordre du jour.* »

Quant au texte d Hæckel, dont le même journaliste a
révoqué l'existence en doute, je renvoie le lecteur à la première édition de la traduction française (1874) de l *Histoire
de la création naturelle*, pp. 35 et 36.

paration du domaine respectif de la certitude
« scientifique », et de la certitude « inspi-
rée ». Tenons-le donc pour dûment acquis :
la physique ne peut rien contre le miracle
même, puisqu'il se définit par une dérogation
de la nature à ses lois ; l'exégèse ne peut rien
contre la révélation (1) ; et j'ose bien avan-
cer que, si l'on fonde jamais une morale
purement laïque, une morale indépen-
dante, — je ne dis pas de toute métaphysique, mais de toute religion, — ce n'est pas
dans la physiologie que nous lui trouverons

(1) Que « l'exégèse ne puisse rien contre la revélation »,
et pourquoi, c'est ce que je me suis efforcé de montrer dans
une note précédente, — voyez p. 29, 30, 31. — Les mêmes
arguments ou les arguments du même genre peuvent servir
à montrer que « la physique ne peut rien contre le miracle ».
L'absolue nécessité des lois de la nature n'est après tout
qu'un *postulat* dont nous avons besoin pour asseoir le fondement de la science, et rien ne prouve que ce *postulat*
soit autre chose que l'expression d'une loi toute relative de
notre intelligence. Aussi bien la notion de la « contingence
des lois de la nature » commence-t-elle depuis quelques années
à s'introduire dans la metaphysique même ; et on se rend
compte de l'abus de raisonnement que l on commet en niant
le surnaturel au nom d'une expérience aussi courte et aussi
neuve qu'est la nôtre.

une base. L'indépendance de notre pensée n'aura donc à souffrir que dans la mesure où la foi serait affaire d'expérience et de raisonnement. Mais précisément, la foi n'est affaire ni de raisonnement ni d'expérience. On ne démontre pas la divinité du Christ; on l'affirme ou on la nie; on y croit ou on n'y croit pas, comme à l'immortalité de l'âme, comme à l'existence de Dieu (1). C'est pourquoi,

(1) Cette affirmation, et je le conçois, a naturellement ému quelques croyants.

« La divinité de Jésus-Christ ne se démontre pas, — dites-vous, m'a répondu Msgr d'Hulst dans un article de la *Revue du clergé français*, — on l'affirme ou on la nie; on y croit ou on n'y croit pas, » mais enfin pourquoi y croit-on? Le moindre élève de théologie vous dira que la foi sans doute est un assentiment libre de l'esprit sous l'action d'une grâce divine, mais que cet assentiment est donné à la parole de Dieu; et qu'avant de se donner, le croyant a besoin de s'assurer que Dieu a vraiment parlé. Que la chose enseignée par Dieu soit, en elle-même, accessible à la raison, comme l'immortalité de l'âme, ou inaccessible, comme le mystère de la Trinité, peu importe; du moment que Dieu l'enseigne, je dois le croire, mais la question de savoir si Dieu a enseigné est une question de fait, et l'enquête que j'institue pour la resoudre est d'ordre rationnel. *On démontre la divinité de Jésus-Christ...*

« Cette ignorance de la nature de la foi est pour nous,

comme je le disais, si l'on examine froidement
la question. nous n'avons rien à sacrifier. Il
n'appartient pas plus à la science d'infirmer

chez un homme qui a tant fréquenté Bossuet, l'objet d'un
premier etonnement. M. Brunetière nous en reservait un
second, en classant l'immortalité de l'âme et l'existence de
Dieu parmi les choses qui ne se démontrent pas. *Ici encore
s'il y a une lacune, c'est bien celle de la philosophie.* »
Je ne m'arrêterai pas à relever ce que ces derniers mots
ont d'assez desobligeant, et Mgr d'Hulst le prend, en vérité,
de bien haut. Je ne m'attendais pas, de sa part, à cette le-
çon, et je la trouve un peu bien pédantesque. Mais je me
contenterai de faire observer à Mgr d'Hulst que si j'avais entendu comme lui, — je veux dire comme le catholicisme, —
la nature et les rapports de la « raison » avec « la foi », je
n'aurais pas écrit dans la même page : « Nous ne sacrifierons... *ni l'indépendance de notre pensée* ». Quel besoin
aurais-je eu de « reserver » l'independance de ma pensée
si j'acceptais dans son intégralité l'enseignement de l'Eglise?
Il m'aurait suffi de me declarer « catholique », tout uniment,
tout simplement; et je n'aurais pas encore écrit « qu'il
n'appartient pas à la science d'infirmer ou de fortifier les
preuves de la religion ».
Quelle que soit donc l'insuffisance de mon éducation
philosophique, je persiste à penser que l'on ne « demontre
ni l'immortalité de l'âme ni l'existence de Dieu. » C'etait l'opinion de Pascal, c'etait egalement l'opinion de Kant; et j'ai
bien le droit de me « tromper » avec eux! Il faut main-
tenir les droits de ce que l'on appelait autrefois « la conscience errante ». Je ne tiens pour preuves de l'existence de
Dieu ni celles que l'on tire de l'arrangement et de l'ordre

ou de fortifier les « preuves de la religion, »
qu'il n'appartient à la religion de nier ou de
discuter les lois de la pesanteur ou les acqui-

du monde ; ni celles que l'on tire de l'idée du parfait ou de
l'infini, « dont l'essence impliquerait l'existence, *cujus
essentia involvit existentiam* » ; ni celles enfin que l'on tire
de la présence en nous de la loi morale ; et même, après y
avoir songé plus souvent que ne le croit Mgr d Hulst, je n'y
vois que des « tautologies ». Ceux qui les trouvent « dé-
monstratives » ne font pas attention qu'elles impliquent
toutes un Dieu « sensible au cœur » et affirmé par lui avant
même que d'être, je ne dis pas « démontré » par le raisonnement, mais seulement conçu par la raison. Ou, en d'autres
termes, on connaît déjà Dieu quand on essaie de mettre son
existence en preuve, et j'estime, pour ma part — ou d'après
mon expérience personnelle, qui est ici la seule autorité
que je puisse invoquer — j'estime qu'aucune preuve ne le
crée dans les cœurs qui ne le sentent pas.

J'en dis autant de « l immortalité de l'âme », — sans compter qu'on ne peut l'établir par aucun argument, qui lui-
même, ne s'applique à tous les êtres vivants comme à
l homme ou bien qui ne permette au contraire d'en excepter
la plupart des hommes. Voyez à cet égard les nombreux
théoriciens, trop peu connus en France, de ce que l'on appelle
en Suisse, en Allemagne, en Angleterre, en Amérique « l'immortalité conditionnelle ».

Pour ce qui est maintenant de la « nature de la foi » je
ne saurais sans doute avoir la prétention de discuter la
définition qu'en a donnée l'Eglise ; et je suis d'ailleurs très
éloigné d'y avoir vu avec M. Taine ce que Mgr d Hulst
appelle « un enthousiasme ou un délire sacré ». Mais j'avoue

sitions de l'égyptologie. Chacune d'elles a
son royaume à part; et puisqu'il ne dépend
que de nous de nous rendre les sujets de
l'une, ou de l'autre, ou de toutes les deux à
la fois, que veut-on, que peut-on demander
davantage?

Mais pouvons-nous également séparer la
« morale » de la religion? C'est une autre
question, beaucoup plus grave et plus délicate. Il ne paraît pas, en effet, que la morale
ait été de tout temps ni partout nécessairement liée à la religion; et n'aurait-on pas
même le droit de dire que, dans l'antiquité
classique, le stoïcisme, entre autres doctri-

---

qu'en y reconnaissant une adhésion de l'intelligence à des
vérités conçues comme « rationnelles » j'y vois d'abord un
acte ou une décision de la volonté. Je n'ai dit nulle part
que l'on « crût sans raison de croire », mais il ne me paraît
pas que cette « raison » ou ces « raisons » soient de l'ordre
intellectuel. On croit parce que l'on *veut* croire, pour des
raisons de l'ordre moral, parce que l'on sent le besoin d'une
règle, et que ni la nature ni l'homme n'en sauraient trouver
une en eux. Mais le difficile ou l'impossible, c'est de se
donner à soi-même le sentiment de ce besoin, et c'est en
ce sens qu'on ne se donne point la foi.

nes, ou l'épicuréisme même, ne se sont « po-
sés » qu'en « s'opposant » aux pratiques et
aux superstitions du paganisme? Socrate, encore, a certainement été l'athée des « dieux »
d'Aristophane (1). On a soutenu d'autre part
que la religion était la création de la morale.
J'ai sous les yeux, en ce moment même un
livre intitulé : *la Religion basée sur la morale*. C'est un recueil de conférences pronon-

(1) J'essaierai peut-être un jour de dire comment je
conçois dans leur succession historique les rapports alter-
natifs de la morale et de la religion. Mais, si la religion et
la morale n'ont pas toujours fait corps l'une avec l'autre,
je croyais l'avoir dit assez nettement dans cette page.
La morale grecque, par exemple, a été sans aucun doute une
conquête assez lente et assez difficile de la philosophie sur
le polythéisme hellénique; et, s'il en fallait croire Ernest
Renan, dans son *Histoire d'Israel*, on en pourrait, on en
devrait dire autant de la morale du judaïsme. Mais ce n'est
pas moins Scherer qui a raison contre les libres-penseurs de
l'espèce de M. Berthelot. « La conscience est comme le cœur
et il lui faut un au delà » ! Ou encore, et de même que dans
un alliage ou dans une combinaison de la nature un corps
possède et développe des propriétés que n'avaient pas ses
éléments, c'est ainsi que l'alliance de la morale et de la
religion leur donne à toutes les deux un prix et une portée
sociale qu'aucune des deux ne pourrait avoir dans son iso-
lement.

cées il y a quelques années en Amérique ou en Angleterre, et dont l'intention générale, si je l'ai bien comprise, est d'établir qu'on ne trouve Dieu qu'en le cherchant en soi-même. L'une et l'autre opinion, si différentes qu'elles puissent paraître, n'en reviennent pas moins au même point, qui est de faire de la morale une invention ou une con-quête de l'humanité. Mais Edmond Scherer, à mon avis, voyait plus loin et plus profondé-ment, quand il écrivait, en 1884, dans un re-marquable article sur la *Crise actuelle de la morale :* « Sachons voir les choses comme elles sont : la morale, la vraie, la bonne, l'an-cienne, l'impérative, *a besoin de l'absolu;* elle aspire à la transcendance; elle ne trouve son point d'appui qu'en Dieu... La conscience est comme le cœur : il lui faut un au delà. Le devoir n'est rien s'il n'est sublime; et la vie devient chose frivole si elle n'implique des relations éternelles (1). » C'est la vraie ma-

(1) *Études sur la littérature contemporaine,* t. VIII, p. 182, 183.

nière de poser le problème, et de le résoudre, peut-être. Il n'importe qu'en fait la morale soit sortie de la religion, ou la religion de la morale, ni même qu'il y ait eu des religions « immorales », ou des morales « sans Dieu ». J'en dis autant de la question de savoir si nous instituerons quelque jour cette morale purement laïque dont je parlais tout à l'heure. Elle n'est pas mûre ; et l'autre, la première, la question de savoir ce qu'il entrait de « surnaturel » dans la morale, ou de morale dans la « religion » d'un contemporain de Numa Pompilius, est oiseuse, pour le moment, comme n'intéressant que les historiens. Mais ce qui est essentiel, et ce qui est certain, c'est que la morale et la religion ne prennent tout leur sens, elles ne réalisent la totalité de leur définition, pour ainsi parler, qu'en se pénétrant l'une l'autre, et si je l'ose dire, qu'en s'amalgamant. « Une morale n'est rien si elle n'est pas religieuse », — c'est encore à Scherer que j'emprunte cette formule, — et, d'une religion, que resterait-il si l'on en ôtait la morale?

Une manière de le prouver serait de montrer que, depuis tantôt deux mille ans, et jusque dans le siècle où nous sommes, tout ce que l'on a fait d'efforts pour « laïciser » la morale, ou la séculariser, n'a jamais été qu'une déformation, ou une altération, ou un déguisement de quelque idée « chrétienne ». Bayle autrefois, ou Taine de nos jours, ont essayé de la fonder sur la perversité naturelle de l'homme, et conséquemment sur l'obligation de refréner, de dompter, d'anéantir en nous les impulsions de l'instinct animal : c'est une idée chrétienne, si c'est le dogme même du péché « originel ». On le voit bien dans cette belle page des *Élévations sur les Mystères*, si littérale et si symbolique à la fois : « Contenons les vives saillies de nos pensées vagabondes... nous commanderons en quelque sorte aux oiseaux du ciel; empêchons nos pensées de ramper toujours dans les nécessités corporelles, comme font les reptiles sur la terre... Ce sera dompter des lions

que d'assujettir notre impétueuse colère. Nous
dominerons les animaux venimeux quand
nous saurons réprimer les haines, les jalou-
sies et les médisances. Nous mettrons le frein
à la bouche d'un cheval fougueux, quand nous
réprimerons en nous les plaisirs. » Pareille-
ment, on retrouve une idée chrétienne, celle
de la grâce, dans toutes les morales mystiques. On en retrouve une autre, celle de la justice absolue, dans toutes les morales fondées,
comme celles de Kant, sur « l'autonomie de
la volonté ». Et s'il y a sans doute une morale positiviste, une morale issue de l'idée
d'une participation de misères et d'une solidarité d'intérêts qui lierait les unes aux autres, dans l'infini de l'espace et du temps, les
générations des hommes, une très belle morale, celle dont Georges Eliot a donné la plus
noble expression : — « Puissé-je atteindre —
les cieux très purs! être pour d'autres âmes
— Le calice de vaillance en quelque grande
agonie — Allumer de généreuses ardeurs,
nourrir de pures amours, — Être la douce

présence du bien partout diffus — Et dans
sa diffusion toujours plus intense (1); » — qui
ne reconnaît là l'idée même du *catholicisme*
ou de la *catholicité*, pour mieux dire, mêlée
avec l'idée de la vertu du sacrifice? Tant il
est vrai que nous sommes imprégnés de christianisme! *In eo vivimus, movemur et sumus.*
Et si jamais nous le rejetons, ce sera sans
doute le fait le plus considérable de l'histoire
du monde, — après celui de son institution (2)!

(1) Cité par W. H. Mallock, dans son livre : *Is life worth
living ?* p. 81, 82.

(2) Si l'on en voulait croire de certains philosophes et
de certains savants, — ainsi M. Charles Richet, dans un article
de la *Revue Rose* sur la *Banqueroute de la science,* en
reponse au present article, — c'est le contraire qu'il faudrait
dire; et la morale de la solidarité, par exemple, ne se serait
« posée » qu'en s'« opposant » à la morale du christianisme
par un *processus* de différenciation et de progrès continus.
Je ne puis me tenir ici de transcrire un éloquent passage de
l'article de M Richet. « Quelles idees en morale, s ecrie-t-il,
Bossuet avait-il sur la guerre, sur l'esclavage, sur les tor-
tures, sur la liberté de conscience, sur l'égalité des hommes,
sur le respect de la vie humaine? Et quelles idées avons-nous
aujourd'hui? Quel jugement Bossuet portait-il sur les dra-

Pour tous ceux donc qui ne pensent pas
qu'une démocratie se puisse désintéresser de
la morale, et qui savent d'ailleurs qu'on ne

gonnades, sur la Saint Barthelemy, sur l'Inquisition, et
quels jugements portons-nous aujourd'hui ? »

La réponse est facile à ces interrogations un peu trop
sûres d'elles-mêmes. Dans son *Abrégé de l'histoire de
France*, écrit pour le Dauphin, et en partie par le Dauphin
lui-même, dont Bossuet se contentait parfois de corriger la
« rédaction d'histoire », voici comment il est parlé de la
Saint-Barthelemy. « Pour imprimer davantage la conspiration
dans les esprits, on rendit à Dieu des actions de grâces pu-
bliques sur la pretendue découverte. *Ces grimaces n'impo-
sèrent à personne, et l'action qu'on venait de faire fut
d'autant plus détestée de tous les gens de bien* qu'on ne
put trouver un pretexte qui eût la moindre apparence.
*L'horreur en augmentait tous les jours par les nouvelles
qu'on recevait des provinces.* » Et un peu plus loin, à
l'endroit de la mort de Charles IX : « La maniere dont il
mourut fut étrange : il eut des convulsions qui causaient de
l'horreur, et les pores s'etant ouverts par des mouvements
si violents le sang lui sortait de toutes parts. On ne manqua
pas de dire que *c'était avec justice qu'on voyait nager
dans son propre sang un prince qui avait si cruellement
répandu celui de ses sujets* ». Ne faudrait-il pas peut-être
avoir lu Bossuet avant d'en parler?

Car alors on ne demanderait pas quelles étaient ses
« idées sur la guerre »; on connaîtrait la *Politique tirée
de l'Écriture Sainte;* et on y aurait vu, dans le chapitre
intitulé : *Que Dieu n'aime pas la guerre,* les paroles
suivantes : « Dieu refuse à David son agrement (pour

gouverne pas les hommes à l'encontre d'une
force aussi considérable qu'est encore la religion, il ne s'agit plus que de choisir entre les
formes du christianisme celle qu'ils pourront

bâtir le temple) en haine du sang dont il voit ses mains
toutes trempées. Tant de sainteté dans ce prince n'en
avait pu effacer la tache. Dieu aime les pacifiques, et la
gloire de la paix a la préférence sur celle des armes, quoique
saintes et religieuses ». Au contraire ce sont les « savants »
qui ont proclamé « la sainteté de la guerre » avec leur
fausse interpretation de la concurrence vitale, et si quelqu'un
en a fait, de nos jours mêmes, l'école de toutes les vertus,
c'etait encore une autre espèce de savant, puisque c'est le
maréchal de Moltke. M. Charles Richet n'est pas toute la
« Science » à lui seul, et je connais nombre de savants qui
ne font pas partie de la « Ligue de la paix ».

Ai je besoin maintenant de justifier Bossuet sur l'article du
« respect de la vie humaine » ou sur celui de l' « esclavage » ?
Je me contenterai de faire observer à ce propos que la justifi-
cation qu'il donne de l'esclavage, ou l'excuse, est justement
fondée sur ce qu'on appelle le caractère sacré de la vie humaine, *servus a servando :* l'esclave est pour lui le vaincu
dont le vainqueur a respecté la vie. Mais d un autre côté je
ne serais pas embarrassé de citer des savants, d'illustres
savants, comme Agassiz, qui l'ont fondé de notre temps sur
« l'inégalité des races humaines », c'est-à-dire sur des raisons de l'ordre anatomico-physiologique et par consequent
« scientifique ».

Mais M. Richet dit encore : « La morale que l'Eglise enseigne aujourd hui n'est probablement pas très differente de

le mieux utiliser à la régénération de la morale, et je n'hésite pas à dire que c'est le
catholicisme.

Non pas du tout à ce propos que je mécon-

celle que la science nous enseigne. » On vient de voir préci-
sement le contraire.

Et, d'abord, elle en diffère autant que la doctrine fonda-
mentale de la solidarité de tous les hommes, qui n'a rien de
scientifique, diffère de la doctrine de la « lutte pour la
vie ». Elle en diffère encore pour l'avoir precedee de quinze
ou dix-sept cents ans dans le temps, et ainsi, a une epoque
où la « Science » n'existait pas, pour avoir pourvu aux
besoins moraux de l'humanité. Mais elle en diffère surtout
pour avoir placé dans le perfectionnement de l'individu
l'idéal moral que M. Charles Richet, avec beaucoup de
savants, ne trouve à placer, lui, que dans le progrès de l'es-
pece. C'est ce qui l'amène a formuler cette étrange définition. « Le mal... c'est la douleur des autres »[1] On dirait
aussi bien que nous n'avons de devoirs qu'envers nos semblables, et qu'à la condition qu'ils ne souffrent pas de notre
manière d'agir, toute licence nous est donnée de satisfaire
nos pires instincts : *indulgere turpissimæ corporis parti.*
C'est le « ventre » qu'un ancien qualifiait en ces termes.

Evidemment M. Charles Richet, qui n'avait pas pris la
peine de lire Bossuet avant de me l'opposer, ne s'est pas non
plus, dans son impatience de me repondre, donné la peine
de mesurer la portée de ses paroles. C'est une preuve de plus
qu'une question de ce genre ne se décide pas en quelque sorte
au pied levé. J'en donnerai tout à l'heure d'autres exemples
encore.

naisse la haute valeur du protestantisme, sa raison d'être historique, et les exemples de vertu qu'il a donnés, qu'il donne encore tous les jours (1) ; mais le catholicisme a sur lui de

(1) En dépit de ces paroles, quelques protestants s'étant émus de ce qui suit un peu plus que de raison, et, dans leurs *Revues* ou dans leurs *Journaux*, à Paris et à Genève en particulier, m'ayant répondu avec cette raideur de dedain qui les caractérise trop souvent, j'ai presque peur de paraître manquer ici de dignité en leur rappelant de quelle manière j'ai toujours parlé d'eux.

A la vérité je n'ai jamais admis que nous leur fussions redevables de la « tolérance » ; et, au contraire, j'ai toujours soutenu que Calvin ne le cédait peut-être sous le rapport de l' « intolérance » qu'au seul Torquemada. Lisez plutôt sa *Réfutation des erreurs de Michel Servet*. J'ai pris d'ailleurs contre eux, sur l'article de leurs variations, — dont ils ont l'air tantôt de vouloir s'excuser comme d'un manque fâcheux de logique et de consistance, et tantôt au contraire dont ils se vantent comme d'une preuve éclatante de l'entière liberté de leur pensée — j'ai pris le parti de Bossuet, qui est aussi bien le parti de la vérité historique ; et c'est ce qu'on peut voir dans le beau livre de M. Rebelliau sur *Bossuet historien du protestantisme*. Mais je crois d'autre part les avoir assez loués :

« Intolérants et orgueilleux, — disais-je encore, il n'y a pas trois ans, — difficiles à manier, chagrins et moroses, méprisants et austères, affectant la religion jusque dans leur costume, les protestants, en revanche, possédaient la vertu dont ces défauts étaient comme l'enveloppe, et grâce à

grands avantages, dont le premier sans doute
est d'être, selon le mot de Renan, « la plus
caractérisée, et la plus religieuse de toutes
les religions ». Le catholicisme est un gouver-

elles on peut dire qu'en 1685 et depuis plus d'un siècle,
ils représentaient la substance morale de la France...
Écartes des tentations par les mesures mêmes qui les eloi-
gnaient des emplois, ils se dressaient, dans la société du temps
de Louis XIV, comme un enseignement vivant, par l'ardeur
de leur foi, par leur constante préoccupation du salut, par
leur éloignement des plaisirs faciles, par la dignité de leurs
mœurs, par la raideur même enfin et la fierté de leur attitude. »
Ne pouvant pas abuser ici du droit de me citer moi-
même, je renvoie le lecteur à l'étude *Sur la formation de
l'idée de progrès* dont je tire ces lignes. Mais nos protestants
ne sont jamais contents, comme si le nom même qu'ils portent leur imposait une obligation de « protester » toujours ;
et, quoique leur pouvoir soit assurement très superieur
en France à ce qu'est le pouvoir des catholiques, par
exemple, en Allemagne ou en Angleterre ; dès que l'on parle
d'eux librement, il semble qu'on les blesse toujours. De
quelque « libéralisme » qu'ils se vantent eux-mêmes, on ne
les voit jamais se liberer du point de vue confessionnel ; et ce
qu'ils ont le plus de peine à comprendre, c'est qu'un homme,
comme j'ai tâché de le faire dans les deux ou trois pages qui
suivent, prenant et considérant le « protestantisme » et le
« catholicisme » dans l'histoire, essaye d'en parler avec
autant d'indépendance, de desinteressement dogmatique, et de
liberté qu'il parlerait de « l'alexandrinisme » ou du « stoïcisme ».

7

nement, et le protestantisme n'est que l'absence de gouvernement. C'est ce que prouve son histoire, qui n'est à proprement parler que celle de ses divisions. Représentez-vous une armée, dont les soldats refuseraient l'obéissance à leurs officiers, comme différant avec eux d'opinion sur une question de discipline ou de service : telle est l'image du protestantisme. « Placez Ignace de Loyola à Oxford, a-t-on dit, — et je n'ai pas besoin d'ajouter que c'est un protestant qui l'a dit, — il y deviendra certainement le chef d'un schisme formidable. Placez John Wesley à Rome, il y sera certainement le premier général d'une société dévouée aux intérêts et à l'honneur de l'Église. Placez sainte Thérèse à Londres, son enthousiasme inquiet se transforme en folie mêlée de ruse. Placez Joanna Southcote à Rome, elle y fonde un ordre de Carmélites aux pieds nus, prêtes à souffrir le martyre pour l'Église (1). » Ou en d'autres

(1) Macaulay, *Essais philosophiques,* trad. G. Guizot, p. 275.

termes, faute d'être un gouvernement, le
protestantisme, dont on est convenu d'ad-
mirer la souplesse, perd à jamais ses moindres
hérétiques, mais le catholicisme, dont on a si
souvent méconnu la « plasticité », absorbe
d'ordinaire, annule, et parfois réussit à utiliser les siens, parce qu'il est un gouvernement. N'est-ce pas peut-être une grande
chose, pour gouverner, que de commencer
par être un gouvernement (1)?

Étant un gouvernement, il est aussi une
« doctrine », et une « tradition », dont j'ai
connu récemment toute la force en lisant le
dernier écrit de Tolstoï sur *la Guerre et
l'Esprit chrétien*. Combien, me disais-je, le
catholicisme n'a-t-il pas été sage, et politique

(1) On répond à cela qu'il ne saurait y avoir de « gouvernement » en matière de conscience, mais c'est une question ;
et, pour en montrer l'importance en deux mots, si ma conscience m'interdisait de porter les armes ou de payer l'impôt,
je voudrais savoir quel est aujourd'hui le « gouvernement »
qui respecterait mon scrupule. Ajoutez qu'il suffit à un
gouvernement des consciences de n'être pas coercitif pour être
parfaitement légitime.

même, en refusant toujours de livrer l'Écriture aux interprétations du sens individuel! Car il est écrit : « Si quelqu'un vient à moi, et ne hait pas son père et sa mère, sa femme et ses enfants, ses frères et ses sœurs, et même sa propre vie, il ne peut être mon disciple. » Oui, cela est écrit! Et il est écrit ailleurs : « Je vous le dis encore une fois, il est plus facile qu'un chameau passe par le trou d'une aiguille qu'un riche entre au royaume des Cieux. » Mais si la lettre de ces paroles n'est pas développée par l'esprit de la tradition, quel effet ne produiront-elles pas sur un humble lecteur, — *infimæ sortis, pauperculæ domus,* —puisqu'elles ont fourvoyé dans ce dédale d'erreurs le plus grand écrivain de la Russie contemporaine! J'entends maintenant ce qu'on voulait dire autrefois quand on réduisait toute la querelle entre protestans et catholiques à la « matière de l'Église ». La notion même et, pour ainsi parler, le concept d'une Écriture ou d'un Livre ne se sépare pas de l'institution d'une autorité qui l'explique. « Eh quoi! disait déjà saint Augustin, tandis qu'il n'est pas de science ou d'art si faciles qu'ils ne réclament un guide et un maître, la religion, seule au monde, n'aurait pas besoin qu'on l'enseigne et qu'on la dirige! » Se peut-il rien de plus contradictoire? Qui ne voit que si l'Écriture était assez claire de soi pour toute intelligence, elle ne contiendrait rien qui surpassât les lumières de l'homme, auquel cas nous n'avions pas besoin d'un Dieu pour nous la « révéler »? Mais si la « révélation » était entière, et qu'elle n'eût pas besoin d'être perpétuellement éclairée comme d'en haut, alors nous serions Dieu lui-même. Le protestantisme a sans doute « la raison » pour lui, mais une religion n'est pas une philosophie, et il faut reconnaître que le catholicisme a pour lui « la logique ».

Et il a enfin de n'être pas seulement une « théologie » ou une « psychologie », mais une « sociologie » si je l'ose ainsi dire; et c'est là, sachons-le bien, à l'heure critique

7.

où nous sommes, son plus grand avantage.
Essayez en effet d'atteindre et de définir
l'essence du protestantisme : c'est le salut individuel qui est sa grande affaire. Le pécheur
s'y confond, il s'y abîme, et pour parler
comme Luther, il s'y « engloutit » dans la
conscience de son indignité, dans la terreur
de son juge, dans l'effroi de la damnation.
« Les moindres manquemens lui semblent
des crimes », n'y ayant « indulgences » ni
« œuvres » qui puissent les réparer. La préoccupation même de la foi détruit ainsi l'espérance en son cœur, et dans le naufrage de
l'espérance sombre à son tour la charité (1).

(1) Me suis-je peut être mal expliqué ? Toujours est-il que
l'on a pris ou affecté de prendre cette phrase : «... et dans
le naufrage de l'esperance sombre à son tour la charite, »
comme si j'avais voulu dire qu'il n'existait d'*institutions
charitables* qu'au sein du seul catholicisme. Faut-il donc
mettre partout des *Majuscules* ou des *Italiques* ? Et dans
une phrase ainsi conçue : « La *Foi* detruit ainsi l'*Espérance*
en son cœur, et dans le naufrage de l'*Espérance* sombre à
son tour la *Charité* », comment n'a-t-on pas vu qu'il etait
question de tout autre chose ? J'en demeure encore tout surpris. En tout cas, j'ai voulu dire, et je le répète en le déve-
loppant :

Comment en effet s'occuperait-on des autres, quand on est à ce point inquiet de soi-même,

1° *Sur l'article du protestantisme,* — que, pour les protestants comme pour les catholiques l'affaire du salut étant sans doute la grande affaire, le protestant manque nécessairement des raisons de confiance que le catholique met premièrement dans « l'indulgence infinie de son Dieu » : secondement dans la « vertu sacramentelle de la confession » ; et troisièmement dans le « mérite des œuvres », les siennes et celles mêmes des autres. C'est un Dieu jaloux que le Dieu de Luther et de Calvin, et il inspire plus de crainte que d'amour. D'un autre côté l'inquiétude, le remords, l'effroi dont le catholique se soulage par la confession, s'accroissent comme d'eux-mêmes dans l'âme protestante. Etant seule responsable d'elle-même, l'âme protestante porte tout le poids, elle seule, de son péché qui l'accable. Et enfin les « œuvres » ne servant de rien, je veux dire ici les « pratiques », elle ne trouve de secours, uniquement, que dans le succès de son effort individuel contre elle-même. Je ne nie pas qu'il en résulte une supériorité de tenue morale, si je puis ainsi dire ; et même j'ai souvenance, il y a quatorze ou quinze ans, d'avoir scandalisé quelques catholiques en écrivant « qu'il manquerait toujours au naturalisme français, — c'était au cours d'une étude sur Georges Eliot, le grand romancier, — *ce que trois siècles de forte éducation protestante* ont comme infusé de valeur morale au naturalisme anglais. » Je n'ai changé d'avis ni sur ce point d'histoire littéraire, ni sur la question plus générale que je discute en ce moment. Mais je pense que l'on entend aussi maintenant ce que j'ai voulu dire en écrivant cette autre phrase « Comment s'occuperait-on des autres quand on est à ce point et d'autant plus inquiet que la conscience est justement plus scrupuleuse ou plus farou-

inquiet de soi-même! » Il y a certainement à la base du protestantisme une préoccupation plus intense de soi-même qu'à la base du catholicisme ; et si les protestants s'en louent avec raison quand ils ne regardent leur religion que par le côté moral, j'ai voulu dire et j'ai dit que l'aspect en différait quand on la regardait par le côté social. C'est cependant aussi un point de vue !

2° *Sur l'article du catholicisme,* — Pour ce qui est du mérite des « œuvres » et des « indulgences », ou encore de la solidarité qui lie les générations des catholiques entre elles, je ne puis pas, pour faire plaisir aux protestants, rayer le purgatoire du nombre des croyances de l'Eglise, ni m'en moquer avec eux, si j'en trouve la conception admirable. Relisez là-dessus *la Divine Comédie.* Mais ne connaissons-nous plus nos auteurs ? ou n'avons-nous jamais lu les *Soirées de Saint-Pétersbourg ?* et rappellerai-je ici la belle page de Joseph de Maistre sur les *indulgences ?*

« Il n'y a pas de père de famille protestant qui n'ait accordé des indulgences chez lui, qui n'ait pardonné à un enfant punissable *par l'intercession et les mérites d'un autre enfant,* — c'est de Maistre qui souligne, — dont il a lieu d'être content. Il n'y a pas de souverain protestant qui n'ait accordé cinquante indulgences en son règne, en accordant un emploi, en remettant ou en commuant une peine, etc., *par les mérites* des pères, des frères, des fils, des parents ou des ancêtres. Ce principe est si général et si naturel qu'il se montre à tout moment dans les moindres actes de la justice humaine. Vous avez ri mille fois de la sotte balance qu'Homère a mise dans les mains de son Jupiter, apparemment

che (1)? Mais, dans le catholicisme, — à quelque monstrueux abus que la doctrine des indulgences et des œuvres ait pu donner lieu quelquefois, — il suffit de la ramener à son premier principe pour en apercevoir clairement la fécondité sociale. Les mérites des

pour le rendre ridicule. Le christianisme nous montre une bien autre balance. D'un côté tous les crimes, de l'autre toutes les satisfactions : de ce côte les bonnes œuvres de tous les hommes, le sang des martyrs, les sacrifices et les larmes de l'innocence s'accumulant sans relâche pour faire équilibre au mal qui, depuis l'origine des choses verse dans l'autre bassin ses flots empoisonnés... » Que trouve-t-on là d'immoral? à prendre, pour ainsi dire, sur soi le fardeau du crime ou du vice, de la faiblesse ou de l'insouciance d'un être aime? Mais si l'on proteste, contre quoi proteste-t-on ? sinon contre ce que j'appellerai la doctrine de la solidarité dans le salut? auquel cas j'ai donc eu raison de dire qu'il y avait dans le principe catholique plus « de fécondité sociale » que dans le principe protestant. Et j'ajoute que tout effort que les protestants feront pour le nier ne pourra que les rengager eux-mêmes de plus belle dans l'affirmation de l'individualisme.

On voit encore une fois que tout cela n'a rien de commun avec la question de savoir si les « institutions charitables » sont plus nombreuses et mieux administrées en pays catholique ou en pays protestant.

(1) Voyez Taine, *Littérature anglaise*, t. II; *la Renaissance chrétienne*.

uns « s'appliquent » au salut des autres. La
carmélite aux pieds nus qui pleure dans son
cloître sur les péchés du mondain, les efface.
Le moine qui s'en va mendiant sur les routes
rachète la femme adultère au prix des humi-
liations qu'il essuie. Il s'établit ainsi, dans la
société catholique idéale, une circulation de
perpétuelle charité. Les vivans y prient pour
les morts, les morts y intercèdent pour les
vivans. Une justice plus clémente, un Dieu
plus tendre à la faiblesse humaine y accorde
aux élus la grâce des réprouvés. Et du centre
à la circonférence de ce cercle infini, où
l'humanité se trouve enveloppée tout entière,
il n'est personne en qui ne retentissent, pour
le désoler, les péchés, mais aussitôt, et pour
le consoler, les mérites aussi des autres..

Est-ce à dire que nous puissions attendre
du « catholicisme », ou, en général, de la
« religion » ce que depuis trois ou quatre
cents ans nous avons vainement attendu de
la « science »? Nous ne le pourrions, en tout
cas, que dans la mesure où nous aurions la

« foi » ; — qui est la chose qu'on ne se donne point. Mais, dans toutes les affaires de ce monde, comme il y a des temps de parler, il y en a de se taire, et d'autre part, pour le moment, je ne vois pas ce que nous objecterions bien à la doctrine catholique sur la séparation des « sciences morales », par exemple, et des « sciences naturelles ». Ç'a été la chimère de Taine, on le sait, que de vouloir à tout prix, comme il disait, les « souder » les unes aux autres, et rien n'est plus laborieux, ni plus triste en un sens, dans ses derniers écrits, que la peine qu'il se donne pour se persuader à lui-même qu'il y a réussi. Mais quand tous nos instincts seraient en nous d'origine purement animale, — ce que d'ailleurs on peut refuser absolument d'admettre, — ils ne laisseraient pas de différer étrangement d'eux-mêmes, depuis six mille ans que l'objet de la civilisation a été de nous soustraire aux servitudes de la nature. Nous n'en formerions pas moins dans l'univers, en dépit de Spinosa, comme un « empire dans un empire ». Et ce nouveau déterminisme, ce déterminisme moral, étant la condition de l'humanité, n'aurait rien de commun avec celui qui « conditionne » les phénomènes des sciences physiques et naturelles. On a reproché jadis au spiritualisme officiel, — celui de Cousin et de Jouffroy, — qu'il voulait partout et à tout prix mettre de la morale. Si le positivisme contemporain est tombé dans l'excès contraire, et s'il a prétendu, lui, traiter la morale comme il faisait la physiologie, il ne s'est pas moins écarté du vrai but. Rien ne l'autorisait à opérer cette confusion, qui a eu pour premier effet de placer la moralité sous la dépendance du savoir. C'est un premier point dont nous pouvons convenir avec l'enseignement de l'Église ; — et je n'ai pas besoin d'en montrer l'importance.

En voici un second. L'erreur peut-être la plus grave que la philosophie du dernier siècle ait commise, — en la personne de Diderot autant ou plus que de Rousseau, — c'est d'avoir substitué le dogme de la bonté natu-

relle de l'homme à celui de sa perversité fon-
cière. Ici ou ailleurs, j'ai tâché plusieurs fois
de montrer ce qu'un sceptique tel que Bayle,
qu'on n'accusera pas de timidité d'esprit,
appelait « la nécessité d'un principe répri-
mant ». Si la nature est immorale, elle l'est
en nous comme en dehors de nous. Nous, qui
le croyons d'une certitude absolue, comment donc serions-nous étonnés ou choqués
de ces paroles de l'Encyclique *Humanum
Genus :* « La nature humaine ayant été viciée
par le péché originel, et à cause de cela étant
devenue beaucoup plus disposée au vice qu'à
la vertu, l'honnêteté est impossible si l'on
ne réprime pas les mouvemens tumultueux de
l'âme et qu'on ne place pas les appétits sous
l'empire de la raison... Mais les naturalistes
nient que le père du genre humain ait péché,
et par conséquent que les forces du libre arbitre soient en aucune façon débilitées ou
inclinées vers le mal. Tout au contraire, ils
exagèrent la puissance et l'excellence de la
nature, et mettant uniquement en elle le prin-

cipe et la règle de la justice, ils ne peuvent
pas même concevoir la nécessité de faire de
constans efforts et de déployer un grand
courage pour contenir et gouverner ses instincts désordonnés. » C'est ici la vérité
même. On n'est, en la reconnaissant, ni protestant, ni catholique; on peut être évolutionniste. Que dis-je! c'est surtout aux évolu-
tionnistes qu'il est impossible de se former
une autre idée de la nature humaine. Le
sang qui coule dans nos veines n'est-il pas en
effet pour eux celui qui coulait, aux temps
préhistoriques, dans les veines de nos premiers
ancêtres, et n'y charrie-t-il pas toujours en
quelque sorte le feu de leurs instincts lubri-
ques ou féroces? Si l'apologétique orthodoxe
a sans doute ses raisons pour n'avoir pas tiré
plus de parti de cet argument, quelques par-
tisans de l'idée d'évolution, — dont nous
sommes, — y ont été en partie séduits par
cet argument même (1). Et c'est un second

(1) Je m'expliquerai prochainement sur *la moralité de
la doctrine évolutive.*

point dont nous pouvons tomber d'accord : la vertu n'est que la victoire de la volonté sur la nature. Ce qui revient à dire, sans métaphore, que la volonté ne se détermine qu'en se dégageant de la nature.

Avec la même facilité nous admettrons encore que la « question sociale » ne soit qu'une « question morale ». C'est le titre, aussi bien, qu'un philosophe allemand donnait naguère à l'un de ses livres, et assurément ce serait un grand point de gagné si jamais nous en comprenions toute la signification : *La Question sociale est une Question morale* (1). Cela veut dire, en effet, que l'on aura beau s'en flatter, il n'existe pas, il n'y aura jamais de moyens scientifiques de détruire l'inégalité des conditions parmi les hommes, — et après tout, faut-il souhaiter qu'il y en eût (2)?

(1) Th. Ziegler, *Die soziale Frage eine sittliche Frage,* 1890.
(2) Ce « faut il souhaiter qu'il y en eût? » a étonné quelques personnes, et c'est une grande preuve de la confusion ou de l'anarchie d'idées au milieu de laquelle nous nous debattons, comme nous pouvons. Conflit ou concours, une ci-

— mais il y aura toujours, il y a toujours eu
des moyens moraux d'atténuer ce que les
conséquences de cette inégalité ont de plus

vilisation n'est jamais en effet qu'une « rencontre » de forces,
et sa complexité, qui est la mesure de sa valeur, dépend avant
tout du nombre et de la diversité de ces forces. C'est pourquoi je ne comprends rien aux paroles déclamatoires par
lesquelles, dans *la Justice*, m'a répondu naguère le docteur
Clemenceau.

« Votre Dieu, s'écriait-il, votre religion ne sont plus que
d'hypocrites artifices, que de misérables moyens de défense
sociale contre le flot montant de ceux qu'ils contenaient jadis, et qui maintenant réclament leur quote-part de jouis-
sances terrestres. La loi de Darwin, osez-vous dire, ne nous
fournirait que d'abominables leçons de conduite. Mais re-
gardez autour de vous. Qui prêche le *laissez faire* du combat pour la vie, sinon vos économistes d'Académie, vos
prôneurs de joies célestes?

« Le bon socialiste dit, lui, que c'est aussi une loi naturelle
et scientifique, la loi de justice que le corps social, fait de
la puissance de tous, a le devoir d'imposer aux plus forts.
C'est la science sociale qui se fait, mes maîtres, la science
de justice et de liberté, par qui se fera la faillite du dogme
de servitude de l'esprit et du corps. Et si vous vous hâtez,
après tant de vaines prophéties, de prédire la déroute de
l'ennemi qui multiplie et qui monte, c'est que vous sentez
que dans l'accalmie présente, le formidable assaut se prépare
qui fera tomber les derniers retranchements de l'ordre d'iniquité que vous dites divin ».

Voilà, si je ne me trompe, du galimatias double; et n'é-
tait la menace des dernières lignes, on ne trouverait pas où

troublant encore pour l'esprit que de doulou-
reux pour le cœur. Cela veut dire que le
« contrat social » n'est pas un contrat d'assu-

se prendre, ni soi-même à quoi répondre dans cette ac-
cumulation de metaphores aussi creuses que pretentieuses.

Essayons-le cependant et faisons d'abord observer au docteur Clemenceau que nous n'avons pas dit un seul mot, dans
tout ce qui précede, pour « pròner les joies celestes », ni même
pour defendre les « économistes d Academie », qu'aussi bien
nous n'avons pas en charge. Nous ne nous soucions pas davantage de savoir, — et le lecteur impartial en a maintenant la
preuve sous les yeux, — à qui les choses que nous avons dites
peuvent plaire ou déplaire, mais uniquement de les dire
comme nous les pensons ou comme nous les voyons, ce qui
est sans doute la première condition de la recherche « scientifique ». J'ose ajouter que si quelqu'un n'a jamais prêché
« le *laissez faire* du combat pour la vie », c'est nous ; et
le docteur Clémenceau le saurait, si depuis vingt ans la
préoccupation des choses de la politique ne l'avait rendu
comme étranger au mouvement des idees de son temps. Pendant que le docteur Clemenceau faisait ou defaisait des
ministeres, nous prenions la peine d'etudier les questions
que nous voulions traiter un jour, et à la discussion des-
quelles ne l'ont peut-être suffisamment préparé ni sa carriere
politique ni ses etudes médicales.

Mais ce qu'il y a de plus admirable, c'est ici l'assurance
avec laquelle notre docteur s'arroge, pour les siens et pour
lui, le monopole de « la justice » et de « la liberté ». Si nous n'a-
vons peut-être pas plus de peur qu'il n'en a de cette « science
sociale qui se fait », et au contraire si nous ne concevons pas
de plus noble occupation que de travailler à la dégager des

rances, et que, par suite, aucun de nous ne
saurait se décharger sur un pouvoir anonyme
du fardeau de ses devoirs envers ses sembla-

origines obscures où elle semble être encore embarrassée,
c'est le moindre de ses soucis ; et parce qu'il lui plaît de
voir en nous les défenseurs de la « servitude du corps et de
l'esprit », il le dit sans plus de « manières » et, naturellement il essaie de le faire croire à ses lecteurs :

Tout leur fait, croyez-m'en, n'est rien qu'hypocrisie.

C'est lui qui l'affirme, doctoralement, c'est le cas de le
dire, sans en donner un commencement de preuve, ni l'essayer seulement, et parce qu'il lui semble, — tant est large
sa tolérance! —qu'on ne saurait avoir d'autres idées que les
siennes sans être suspect de manquer de franchise. Je n'ai
« prédit la déroute de personne »; je n'ai pas écrit un seul
mot qui puisse lui donner à croire que je trouve rien de
« divin dans l'ordre d'iniquité » qu'il attaque. Mais qu'importe? Il a besoin de le supposer pour faire son article, dont
toute la force n'est faite que de la faiblesse des raisons qu'il
prête à ceux contre lesquels son eloquence se déchaîne; il le
suppose donc; et le voilà parti! Ces procedes sont trop com-
modes.

Eh bien, non! s'il existe une « question sociale », ce n'est
pas en la traitant ainsi qu'on la résoudra ni que l'on réus-
sira même à la poser comme il faut. On y devra regarder de
plus près. Si la civilisation, comme nous le disions, n'est
qu'une « rencontre » de forces qui doivent « se composer »
ensemble pour se faire équilibre, nous dirons maintenant
qu'il n'en faut méconnaître, ni vouloir expulser aucune du
« système » dont elle fait comme les autres une partie né-

bles, ni profiter des avantages de la société
sans en subir ou sans en acquitter que les
charges de finances. Et cela veut dire enfin
qu'indépendamment des obligations de ne pas
faire, il y en a pour nous d'agir, dont la première est de travailler à détruire en nous la
racine de l'égoïsme, qui est notre attache
animale à la vie... Mais je ne traite pas ici la
« question sociale », et il me suffit d'avoir in-
diqué ce que l'on veut dire quand on la transforme en une question morale. Car on voit
la conséquence, et qu'au lieu d'en chercher
la solution dans les analogies de l'histoire
naturelle, comme font nos sociologues; ou
dans l'extension tyrannique des pouvoirs de
l'État, comme font les socialistes; ou dans la
destruction de toute société, comme les anar-
chistes, on ne la trouvera pas non plus, cette

cessaire. La religion est-elle une de ces forces? Voilà tout
le problème que nous avons discuté. Mais pour le décider,
commencer par le nier, on avouera que c'est une étrange méthode. Et peut-être, si dans son article le docteur Clemenceau n'a pas fait autre chose, trouvera-t-on que nous lui
avons bien longuement répondu.

solution chimérique, mais on n'en approchera qu'en la demandant à la morale de l'effort individuel!

La conclusion est évidente. Lorsque l'on tombe d'accord de trois ou quatre points de cette importance, il n'y a pas même besoin de discuter les conditions, ou les termes, d'une entente ; — et elle est faite. Si les bonnes volontés conjurées et continuées de plusieurs générations d'hommes ne suffiront certainement pas pour mettre ces trois ou quatre points hors de doute, ce serait une espèce de crime, et, en tout cas, la plus impardonnable sottise que d'essayer de diviser ces bonnes volontés contre elles-mêmes, ou de les dissocier, pour des raisons d'exégèse et de géologie. Supposé d'ailleurs que le progrès social fût au prix d'un sacrifice passager, — qui ne coûterait rien à notre indépendance non plus qu'à notre dignité, mais seulement quelque chose à notre vanité, — l'hésitation ne serait pas permise. Il faut vivre d'abord, et la vie n'est pas contemplation ni spéculation, mais action. Le malade se moque des règles, pourvu qu'on le guérisse. Lorsque la maison brûle, il n'est question pour tous ceux qui l'habitent que d'éteindre le feu. Ou si l'on veut encore quelque comparaison plus noble à la fois et peut-être plus vraie, ce n'est ni le temps ni le lieu d'opposer le caprice de l'individu aux droits de la communauté, — quand on est sur le champ de bataille (1).

(1) Après avoir repondu de mon mieux à quelques-unes des objections que cet article a soulevees, j'ai pensé qu'il pourrait être intéressant de reproduire ici, — sans en trahir les signataires, — trois ou quatre des lettres qu'il m'a values. La première est d'un catholique, la seconde d'une protestante, et la troisième d'un libre-penseur. Il convient d'ajouter que je ne connais personnellement aucun des correspondants qui me les ont adressées.

I.

« Monsieur,

« ... Après cet article, il y en aura dans les Parlements qui vous traiteront de clerical, et dans les sacristies qui vous attendront à confesse, mais il y en aura aussi quelques-uns du clergé... qui vous en sauront gré, non pas mesquinement pour leur parti, mais généreusement, pour la cause de la pacification des âmes...

« ... Nous qui, croyant au Christ, croyons que sa morale est divine et par conséquent adéquate à la morale absolue; nous qui croyant à l'Eglise, prolongement et organe du Christ, croyons qu'elle a la charge d'adapter incessamment à travers les âges cette immuable morale aux besoins nouveaux des hommes et aux nouvelles conditions de la vie, comment ne nous sentirions-nous pas le cœur bien fraternel a l'égard des sincères qui, sans avoir notre foi, jugent, pour d'autres et justes raisons, que *relativement* au moins, relativement au point d'evolution où nous sommes parvenus, le monde ne peut se passer de la morale catholique... »

II.

« Monsieur,

« J'ai lu avec le plus grand intérêt votre article du dernier numéro de la *Revue des Deux-Mondes*. Que je n'en partage pas toutes les idees, vous n'en serez pas surpris, si je vous dis que je suis protestante, et protestante convaincue. Mais avant d'être protestante, je suis chrétienne ou du moins je m'efforce de l'être, et comme chrétienne je suis heureuse d'entendre une parole... defendre les droits de la vérité religieuse. Catholiques, protestants, ces mots n'ont plus d'actualité, plus d'interêt. Ah! si tous ceux qui suivent Jésus-Christ pouvaient les oublier pour marcher ensemble à la conquête des verites éternelles qui ont deja transformé le monde, et doivent le transformer plus complètement!... »

III.

« Monsieur,

« Vous faites appel aux hommes de bonne volonté : permettez à l'un d'entre eux de vous dire pourquoi il donnera son concours à ceux qui *par tous les moyens légitimes,* — c'est mon correspondant qui souligne, — combattront le concordat philosophique que, nouveau Bonaparte, vous êtes allé signer à Rome au nom de la pensée française (en admettant qu'elle tienne dans le *Journal des Débats* et la *Revue des Deux-Mondes*)... »

J'arrête ici la citation, dont on devine aisément la suite, mais je ne puis me priver du plaisir d'en signaler un bien curieux detail. L'auteur avait d'abord écrit, d'une maniere courante et comme habituelle : «... qui donnera son concours *à ceux qui par tous les moyens* combattront le nouveau concordat » ; mais il s'est heureusement relu, et il a ajoute *légitimes* en surcharge : «... son concours à ceux qui par tous les moyens *légitimes* combattront le nouveau concordat ».

Trois mois après la publication de ces pages, quelques « savants » et surtout quelques « hommes politiques » ayant offert à M. Berthelot un banquet de protestation contre la manière dont j'avais parlé de la science, le *Figaro* a publié le matin de ce banquet l'article que je reproduis, non pas certes pour « compléter », mais, et en attendant mieux, pour « grossir » le dossier de la question.

En l'honneur de la science.

Professeur au Collège de France ; directeur et président de section à l'École des hautes études ; secrétaire perpétuel de l'Académie des sciences ; grand officier de la Légion d'honneur ; sénateur ; ancien ministre ; membre d'une foule de Conseils plus supérieurs les uns que les autres ; logé par l'État, à la ville, et à la campagne, du côté de Meudon, où l'on conte qu'il étudie « la fixation de l'oxygène de l'air par le vert des plantes » en mangeant des fraises exquises, — on ne peut

évidemment pas dire que la science ait fait
« banqueroute » à mon très cher et très émi-
nent confrère, M. Marcellin Berthelot. En dépit de l'envie, il avait donc tous les titres
qu'il faut pour être la parure du banquet que
l'on célébrera ce soir, à Saint-Mandé, dans le
« Salon des familles », *ad majorem scientiæ
gloriam;* et je comprends qu'on le lui ait
offert !

Je comprends moins qu'il l'ait accepté ! Non
pas pour moi, comme on le peut bien croire !
Il y a peu de gens, après tout, *contre qui* l'on
fasse des banquets, et, depuis le roi Louis-
Philippe, je ne suis pas médiocrement fier
d'en être le premier ! Mais c'est la science que
je plains, c'est M. Berthelot lui-même, d'en
être ainsi réduit à se mettre sous la protection
d'un vieux politicien tel que M. Brisson, ou
même d'un « savant » tel que M. Soury.
M. Soury, afin qu'on n'en ignore, est cet ancien hébraïsant qui, à force d'étudier l'ana-
tomie du cerveau, y a découvert l'autre jour
que les oiseaux étaient des mammifères. Ne

sont-ce pas là de beaux représentants de la science!

Veuillent seulement les dieux qu'à l'heure solennelle des *toasts,* entre le champagne et le cigare, ils aient le bon goût de tenir leur langue, et de se contenter d'écouter!

Quant aux autres, puique voilà trois mois qu'ils s'en vont répétant les mêmes choses, je serai généreux jusqu'au bout, et je veux leur donner les moyens de ne pas les redire encore à Saint-Mandé. Ce sera l'affaire de deux mots et de trois questions, — dont la première est déjà bien jolie, mais la seconde l'est encore davantage, et la troisième les passe toutes deux.

*
* *

Je propose timidement la première à M. Berthelot : De combien, dans le monde entier, depuis quarante ou cinquante ans, les « progrès de la science » ont-ils enflé les budgets de la guerre? Je ne parle pas ici

des nouveaux engins de destruction dont les
savants nous ont dotés, et ni sur la dynamite
ni sur la mélinite je ne commettrai l'indiscrétion d'interpeller le président du Comité
des substances explosives. Je m'en tiens aux
milliards que nous coûte ce genre de progrès.
Grâce donc aux « progrès de la science », on
n'a pas plus tôt construit un cuirassé de premier rang qu'il entre, comme l'on dit, « en
catégorie de réserve » ; et en voilà pour des
millions! Grâce aux « progrès de la science »,
on n'a pas plus tôt adopté un modèle de fusil,
qu'il est bon à reléguer dans nos musées d'ar-
tillerie ; et en voilà pour des dizaines de millions! Mais grâce aux « progrès de la science »,
on n'a pas plus tôt encerclé la frontière d'une
ceinture de terre, de pierre, et de fer, qu'il
faut que l'on recommence ; et en voilà pour
des centaines de millions! Qui les paie? où
les prend-on? dans quelles poches? Qui dira
de quel poids ils pèsent sur la liberté du travail national? de quels emplois féconds ils
détournent l'argent? et de quelle autre « ban-

queroute » cette fureur de dépenses nous menace? C'est ce que je demande à M. Marcellin Berthelot.

⁎
⁎ ⁎

Parmi les membres du « comité d'honneur » sous les auspices duquel on banquettera ce soir, je me rappelle avoir vu le nom du docteur Clémenceau. Voici donc une question pour le docteur Clémenceau. Du temps qu'il était député, le docteur Clémenceau, — qui me traite le lundi dans son journal de « pion grincheux », et qui m'envoie ses livres le mardi, avec un bel hommage d'auteur, — le docteur Clémenceau descendait dans les mines.

« Dans la première fosse où je descendis, nous dit-il, après avoir marché dans l'eau, plié en deux pendant des centaines de mètres… j'arrivai en rampant à une jolie couche de quarante-trois centimètres d'épaisseur. *Là travaillaient des êtres humains, étendus*

sur le flanc, abattant le charbon, qui leur tom-
bait sur la face, et le remplaçant au fur et à
mesure par des rondins pour n'être pas écra-
sés par le plafond... Glissant je ne sais comment, j'arrivai à un carrefour où des masses
noires, silencieuses, avec des gestes d'ombre,
s'occupaient à couper menu quelque chose
de tout point semblable au charbon sur lequel
elles gisaient : « Les voilà qui dînent, les
« gaillards, nous dit l'ingénieur aimable qui
« nous guidait. Pourvu que le mineur ait son
« fromage blanc, il est heureux ! » *Ce fromage*
blanc ne m'est jamais sorti de la mémoire. »

Je demande au docteur Clémenceau si ce
spectacle, qui l'a si fort et si profondément
ému, n'est pas l'œuvre des « progrès de la
science », étant sans doute la création de la
vapeur et de l'électricité? Je lui demande s'il
ne trouve pas qu'au prix de ce labeur contre
nature de tant de milliers de nos semblables,
« les progrès de la science » nous font payer
un peu cher le splendide éclairage de l'Académie nationale de musique? Je lui demande

ce que répondraient, à ceux qui leur feraient ainsi toucher du doigt ce que leur
coûtent les « progrès de la science », — les
mineurs de Carmaux ou d'Anzin ?

*
* *

Et comme il faut enfin songer à tout le
monde, c'est à M. Jean Jaurès que je dédie
la troisième question. M. Jaurès éprouve pour
les misérables, je ne veux pas dire une pitié,
mais une compassion qui l'honore ; et nous
l'éprouvons comme lui. Nous fera-t-il donc
l'honneur de nous dire pour combien la
science et ses progrès sont dans la formation
de ce « capitalisme » qu'il dénonce quoti-
diennement à la colère de ses électeurs ? Qui
a créé tout autour de nous, dans les envi-
rons de nos grandes villes, — du côté de
Saint-Ouen et de Saint-Denis, par exemple, —
cette misère ouvrière qui soulève tous les
cœurs d'indignation, de honte, et de dégoût
de la civilisation ? Ce sont les « progrès de la

science ». Qui a dépeuplé les campagnes,
poussé l'ouvrière à la prostitution, jeté l'en-
fance dans les usines ? Ce sont encore les
« progrès de la science ». Et qui a enfin dé-
naturé les rapports du travail et du capital?
élargi l'intervalle entre eux? exaspéré leur
hostilité? semé le germe entre les classes de
haines inexpiables? Ce sont toujours les
« progrès de la science ». Il est permis de
trouver là-dessus qu'avant de les célébrer,
encore faut-il savoir si l'on entend les célébrer « en bloc »; et voilà pour M. Jean
Jaurès une belle matière de discours français.

* *
*

Car c'est là tout le débat; et non pas de savoir
si l'on va plus vite ou plus commodément
de Paris à Lyon par le chemin de fer que
par la diligence. Il ne s'agit pas davantage
d'établir que les dogmes religieux n'ont inventé « ni l'imprimerie, ni le télescope, ni les
matières colorantes »! Et ils n'ont certaine-

ment inventé non plus ni l'art de distiller les alcools, ni celui de falsifier les denrées alimentaires, — qui sont sans doute encore deux grands progrès. Mais l'unique problème est d'examiner quels progrès de la morale ont ou n'ont pas suivi ces progrès de la science ; et, — pour terminer par une observation personnelle, — ce problème, il me semble que je ne l'ai pas si mal résolu.

Depuis trois mois, en effet, que j'ai publié l'article que l'on « conspuera » ce soir, à défaut de moi-même, on m'a reproché sur tous les tons qu'il était de « la personne la plus étrangère à l'esprit scientifique » ; et, en effet, je ne me rappelle pas avoir publié le moindre travail de thermochimie. On m'a reproché, sur tous les tons aussi, que je manquais de style ou de grammaire même ; et, à ce propos, comme voilà vingt ans qu'on me le dit, je ne suis pas si têtu que de ne pas commencer à le croire. Après quoi, plus encore que de style, on m'a reproché que je manquais d'idées ; et des prélats considérables, qui sont aussi de grands maladroits, se sont joints aux « correspondants » de l'*Écho de Paris*, pour s'émerveiller de la profondeur de mon ignorance.

Mais alors, depuis trois mois, pourquoi tant d'émoi? Pourquoi tant de réponses et de réfutations, de répliques, de contre-répliques, de basses plaisanteries aussi, d'injures et d'insultes? Tant de bruit! pour un seul article, d'un écrivain si « pâteux », dans un recueil d'ailleurs si peu lu! Et finalement, un si beau banquet, à cent sous par tête, café, cognac et tabac compris! Des présidents et des ministres! des sénateurs et des députés! des conseillers municipaux! des poètes et des romanciers! des peintres, des sculpteurs, des médecins, des avocats, des professeurs, Homais et Charles Bovary, Bouvard et Pécuchet!

Quelque modeste que je sois, je ne puis décidément trouver qu'une explication du miracle. Il faut que j'aie touché plus juste qu'on ne le veut bien dire. On ne crierait pas si fort si l'on ne se sentait atteint quelque

part. Et toutes ces clameurs, et tous ces hur-
lements ne sont qu'une forme, ou une ex-
.pression plus démocratique, de ce que Bossuet a si bien appelé « la haine des hommes
contre la vérité ».

Vous seriez fâchés que je n'eusse point in-
voqué Bossuet!

4 avril 1895.

TYPOGRAPHIE FIRMIN-DIDOT ET Cie. — MESNIL (EURE).

www.ingramcontent.com/pod-product-compliance
Lightning Source LLC
Chambersburg PA
CBHW060642100426
42744CB00008B/1732